加快建设制造强国、质量强国、航天强国、交通强国、网络强国、数字中国。

摘自习近平总书记在中国共产党第二十次全国代表大会上所作的报告

"塑造数字中国"丛书

江小涓 总主编 / 王满传 执行主编

走进数字社会

Towards the Digital Society

张 立 ◎ 著

· 北京 ·

国家行政学院出版社
NATIONAL ACADEMY OF GOVERNANCE PRESS

图书在版编目（CIP）数据

走进数字社会/张立著.—北京：国家行政学院出版社，2023.1

（塑造数字中国/江小涓主编）

ISBN 978-7-5150-2712-8

Ⅰ.①走… Ⅱ.①张… Ⅲ.①数字技术－应用－社会服务－研究－中国 Ⅳ.①D669.3-39

中国版本图书馆CIP数据核字（2022）第172322号

书　　名	走进数字社会 ZOUJIN SHUZI SHEHUI	
作　　者	张　立　著	
统筹策划	王　莹	
责任编辑	王　莹　马文涛	
出版发行	国家行政学院出版社 （北京市海淀区长春桥路6号　100089）	
综 合 办	（010）68928903	
发 行 部	（010）68928866	
经　　销	新华书店	
印　　刷	北京盛通印刷股份有限公司	
版　　次	2023年1月北京第1版	
印　　次	2023年1月北京第1次印刷	
开　　本	170毫米×240毫米　16开	
印　　张	13.5	
字　　数	172千字	
定　　价	52.00元	

本书如有印装问题，可联系调换，联系电话：（010）68929022

"塑造数字中国"丛书编委会

主　任　江小涓　全国人大常委会委员、社会建设委员会副主任委员
　　　　　　　　　　中国行政管理学会会长

副主任　王满传　中央党校（国家行政学院）公共管理教研部主任
　　　　　　　　　　中国行政体制改革研究会常务副会长

委　员　童新海　中央办公厅信息中心二级巡视员
　　　　　　孙爱萍　中央网信办培训中心主任
　　　　　　郑耀东　中国行政管理学会常务副会长兼秘书长
　　　　　　周　民　国家信息中心副主任
　　　　　　张　立　中国电子信息产业发展研究院院长
　　　　　　余晓晖　中国信息通信研究院院长
　　　　　　王兴玲　民政部信息中心总工程师
　　　　　　付宏伟　国家市场监督管理总局竞争政策与大数据中心主任
　　　　　　尚朝辉　中国建设银行机构业务部总经理
　　　　　　刘　强　北京市政务服务管理局副局长
　　　　　　高尚省　广东省政务服务数据管理局副局长
　　　　　　郑庆华　西安交通大学常务副校长
　　　　　　林　维　中国社会科学院大学副校长
　　　　　　孟庆国　清华大学国家治理研究院执行院长
　　　　　　徐拥军　中国人民大学档案事业发展研究中心主任
　　　　　　姜　玲　中央财经大学政府管理学院院长
　　　　　　刘　杰　中国行政管理学会副秘书长
　　　　　　翟　云　中央党校（国家行政学院）公共管理教研部研究员

总序 PREFACE

加快数字化转型
建设数字中国

当下，数字化转型正在席卷全球。习近平总书记指出，数字技术正以新理念、新业态、新模式全面融入人类经济、政治、文化、社会、生态文明建设各领域和全过程，给人类生产生活带来广泛而深刻的影响。党和国家高度重视这一轮科技革命带来的重大机遇，始终坚持以人民为中心的发展思想，引导实施网络强国、大数据发展、数字中国建设等重大战略，推动我国经济社会发展紧跟时代科技发展趋势，不断迈上新台阶。

数字中国建设是一个顶层设计、全局定位、立体构建、多元驱动的发展任务，是数字技术在国家发展和国家治理各领域的嵌入和赋能，需要政府、市场和社会各个方面的共同努力，需要理解国内外最新变化和发展趋势，需要看到各个领域数字化转型面临的困难和调整，更需要把握好数字化建设带来的机遇和数字化转型的方向和节奏，探索和创新具有中国特色的数字化转型之路。

为了从理论、实践、政策三个层面更好地阐述数字中国，我们参照"十四五"规划中关于数字中国建设的任务部署，编写了"塑造数字中国"丛书，分设《走进数字经济》《走进数字社会》《走进数字政府》《走进数字生态》四册。《走进数字经济》立足"十四五"时期以及2035年重要时间节点，结合党中央、国务院关于数字经济各项要求，从"理论篇"、"实践篇"和"技术篇"阐述数字经济发展的中国之道，探讨打造数字经济新蓝海，推动数字经济成为我国经济的"半壁江山"和主要增长点。《走进数字社会》重点探索数字时代背景下优化社会服务供给、创新社会治理方式的改革新思路，阐述智慧城市、数字乡村、数字生活、数字公民的发展新模式。《走进数字政府》立足以数字化改革助力政府职能转变，塑造数字政府新形态，探讨打造泛在可及、智慧便捷、公平普惠的数字化服务体系，让百姓少跑腿、数据多跑路，真正高质量满足人民对美好生活的向往。《走进数字生态》聚焦数字技术创新赋能、建立健全数据要素市场规则、营造规范有序的政策环境、强化网络安全防护、构建网络命运共同体等核心议题，突出重点，梳理思路，破解难题。

数字中国建设没有成熟的经验和模式可以模仿照搬，没有清晰的设计和蓝图可以即插即用。本丛书立足中国全域数字化改革的多样化实践，借鉴国际有益经验，全面梳理和总结经济、社会、政府数字化转型的实践创新和研究成果，展示数字中国建设各个领域的发展成就和未来前景，为我们认识中国当下正在进行的数字化转型的伟大实践提供有益的参考。希望著者们的努力能够见到成效，助力数字中国建设顺利前行。

江小涓

前　言

习近平总书记深刻指出："以信息技术为核心的新一轮科技革命正在孕育兴起，互联网日益成为创新驱动发展的先导力量，深刻改变着人们的生产生活，有力推动着社会发展。"自党的十九大首次作出建设数字中国的战略部署以来，党的二十大再次提出建设数字中国，而构建数字社会是建设数字中国的重要内容。

《中华人民共和国国民经济和社会发展第十四个五年规划和2035年远景目标纲要》专章阐明了加快数字社会建设步伐的战略要求，从提供智慧便捷的公共服务、建设智慧城市和数字乡村、构筑美好数字生活新图景等角度明确了未来五年我国数字社会建设的战略任务。实现数字社会建设的战略目标，需要适应数字化变革新趋势，把规划部署的各项任务落到实处，需要有科学的方法路径，制定具体的落实举措。本书着眼于推进数字社会建设宏伟目标，从理论和实践两个层面开展深入研究，系统梳理总结了数字技术促进公共服务和社会运行的创新方式、数字社会各方面的发展趋势。

本书分为理论篇和实践篇两部分，共8章内容。理论篇包含4章内容，从人类社会发展历程入手，深刻剖析了技术进步和人类社会演进的相关关系，详细介绍了数字社会的基本概念、体系架构、典型特征和总体发展趋势。实践篇包含4章内容，分别围绕智慧城市、数字乡村、数字生活、数字公民等领域，阐述重要意义，介绍发展现状，分析发展趋势，致力为读者呈现较为完整的数字社会体系架构和构建路径。希望通过本书的介绍，能够为数字化服务普惠应用、智慧城市和数字乡村建设等方面的研究提供有益参考，能够提升公民数字素养，能够为打造智慧共享、和睦共治的新型数字生活提供有益借鉴。

目录 CONTENTS

理论篇

第一章
数字化浪潮汹涌来袭 /003

一、人类社会进入数字时代 /004

二、新一代信息技术创新加速全球数字化进程 /013

第二章
数字社会的基本概念 /023

一、数字社会的起源及演变 /024

二、数字社会的体系架构 /033

第三章
数字社会的典型特征 /047

一、无所不连的虚拟现实世界 /048

二、跨越时空的资源配置方式　/052

三、数据驱动的社会运行方式　/056

四、社会去中心化与新人本主义发展　/059

第四章
数字社会的发展趋势　/065

一、智慧城市成为城市建设新标准　/066

二、数字乡村建设创新农村发展面貌　/070

三、数字公共服务带给人民诸多便利　/074

四、数字生活使得人民幸福感倍增　/081

实　践　篇

第五章
智慧城市　/091

一、重要意义　/092

二、发展现状　/094

三、发展趋势　/115

第六章
数字乡村　/121

一、重要意义　/122

二、发展现状 /130

　　三、发展趋势 /150

第七章
数字生活 /159

　　一、重要意义 /160

　　二、发展现状 /166

　　三、发展趋势 /172

第八章
数字公民 /179

　　一、重要意义 /180

　　二、发展现状 /187

　　三、发展趋势 /195

后　记 /200

理 论 篇

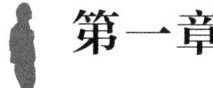

第一章
数字化浪潮汹涌来袭

发轫于 20 世纪 50 年代的信息技术革命，在经历了半个多世纪的扩散和普及之后，正推动人类社会进入一个新时代——数字时代。

一、人类社会进入数字时代

习近平总书记指出，数据是新的生产要素，是基础性资源和战略性资源，也是重要生产力，要构建以数据为关键要素的数字经济。生产力是人类征服和改造自然的客观物质力量，是一个时代发展水平的集中体现。从"刀耕火种"到"铁犁牛耕"，再到"机器代人"，生产力的变革带来生产方式、管理方式、资源获取方式的巨大改变，人类社会得以不断地获取并支配着密度更高的能量，促进人口数量的激增，重塑人类社会结构和组织结构。

（一）生产力的演进

生产力系统作为一个多层次、多角色的系统，每个要素都有其自身的成长机制，各个要素的成长演变共同构成了社会生产力的有机整体，对人类社会经济的发展起到推动作用。以生产工具的演进作为标志，生产力在人类历史的演进中共有三次巨大飞跃，包括：手工生产力阶段、机器生产力阶段和数据生产力阶段。

1. 手工时代：物质支撑

这一阶段从人类能够制造生产工具开始，到 18 世纪中叶第一次产业革命结束。新石器的制作和应用作为人类历史上第一次生产力变革，将人类带入了一个新的生产力阶段，在这之后的几百万年内，尽管生产力有了阶段性的稳步提升，但是仍然没有发生本质的变化，并且这一阶段主要以使用手工工具为基本特征，所以被称为手工生产力阶段。按照制造工具材料的演变，可以将这个阶段分为石器时代、铜器时代和铁器时代。

石器时代中生产工具仅是由石料、木材、兽骨等材料简单打磨而成的石器、木棒、弓箭等，结构简单，效率低下，劳动对象大多是自然界的天然物。科技、教育、管理等都处于萌芽阶段，产业结构主要有原始农业和原始手工业，生产力不可能有过多的发展。

铜器时代的铲、犁、斧、锯等青铜工具的广泛使用极大地促进了农业和手工业的发展，生产工具种类的丰富和性能的提升也使得劳动对象突破天然物的限制，经过加工的材料逐渐出现在人类的生产过程中。科技和管理的进步使得分工协作和扩大生产规模成为可能，手工业从农业中分化出来成为单独的生产部门，形成以农业为主体，手工技术为基础的产业结构。

铁器时代是手工生产力阶段最后的巅峰，铁的应用使得生产工具种类更加丰富、更加专门化，部件更多，形态更加复杂，甚至一些生产工具已经具备了机器的萌芽状态。同时，为了匹配成熟的农业技术和冶炼技术，出现了农学、天文、数学等自然学科，教育则是以学徒制为主。此外，煤、石油、天然气的开采标志着能源的开发利用进一步提高。工具的进步使得社会分工与协作更加细致，但产业结构没有发生根本性变化，仍是以农业为主体、手工技术为基础的结构模式。

2. 机器时代：能量转化

这一阶段主要从18世纪中叶到20世纪中叶，机器生产力是18世纪工业革命的产物，同时是人类历史上第二次生产力革命的标志。它是以手工生产力阶段积累的技术经验为前提，以近代科学为指引而产生的。这个阶段的主要特征是机器在社会生产中大规模应用，而机器则由手工生产力阶段中的复合工具演变而来，主要由动力机、传动机和工作机统一有机组成，按照动力机能源的不同，机器生产力阶段可以分为蒸汽时代和电力时代。

蒸汽时代被称为第一次产业革命，在这个时期，社会生产力发生了质的飞跃。生产工具由简单或复合的工具发展成复杂的机器，在单个机器进入生产过程后出现了机器体系，即在同一生产过程中按照工序顺次对劳动对象进行加工的一系列功能不同、互相协作、互相补充的机器，不但大大提高了生产效率，还为自动化生产提供了必要基础。蒸汽机带来的动力革命迫切需要新的能源和能源装置，能源装置的变革推动了热能在工业中的广泛应用，使得各部门的生产得到了极大的发展。在产业结构上，工业取代了农业的主体地位，形成了一个以重型机器制造业为核心，包含钢铁工业、煤炭工业、化学工业的庞大的产业体系。学校教育取代学徒制教育，促进劳动者由体力型向智力型转化，以技术工人为主体的劳动者逐步适应机器技术取代手动技术的社会分工的新要求，专业化、精细化的分工成为社会主流的劳动方式，从而奠定了劳动者作为生产力要素参与生产过程的组织结构基础。

电力时代被称为第二次产业革命，基本继承了蒸汽时代的特征，但是作为主要生产工具的机器中的能源装置有较大的突破，主要以电动机为主，还包括汽轮机和内燃机。电力不但具有可以从多种能源转换而来，又可转换为其他各种能量形式的优势，还能够随意分割、远距离传输、随意调配，在机器生产力阶段，是最好的能源。电力的应用使机器体系中不同机器的合作更具柔性和更加紧密，同时各种仪器、仪表的发明和使用也酝酿了一场"自动控制装置"的变革。电力的发明和利用，在生产力发展史上，具有划时代的意义，可以说，没有电力的发明和利用，就没有现代生产力。同时，这一时期，在科学技术的发展前提下，爆发了新材料革命，涌现出一大批新金属材料，并且提高了原材料的性能。管理则由原先的依靠经验转变为以科学原理和科学手段为基础的科学管理，在生产力系统中成为一个新的要素。产业结构则是以电力工业、铁路运输业、石油工业、机械制造业、汽车飞机制造业等组成的产业集群取代了重型机械制造业、钢铁工业、煤炭工业等组成的主导产业群,同时,以交通运输、科学教育、商业服务为主的第三产业也得到了长足的发展。

3. 数字时代:数据赋能

以电子计算机的研制成功并进入实际运行为标志,开始了人类历史上第三次生产力革命,并将人类带入数据生产力阶段,这一阶段从20世纪50年代持续到今天。当数据发展成为生产力之时,数据生产力便成为一种最具活力的、最先进的生产力形态,作为仍处于发展中的一种生产力,许多特点还未充分展现。对比生产力的发展历程,分析数据生产力的发展趋势可以发现,科技型劳动者正在取代文化型劳动者,智能机器体系正在取代普通机器体系,多元化、多极化和电力化的新型能源结构正在取代和改变单调的粗放的传统能源结构,新型材料正在替代常规材料,以信息工业为核心的知识密集型的产业结构正在取代以重工业为核心的资本密集型的产业结构。社会化和商品化已接近峰值,整个生产过程正在向以微电子技术和信息技术为核心的现代科学技术体系转移。

(二)数据推动生产力变革的作用机理

1. 数据是推动生产力变革的原动力

信息资源贯穿人类发展的全部历程,从结绳记事的有限信息到各类智能终端收集的丰富信息,从口口相传的神话蕴含的口头信息到造纸术发明后广泛传播的书面信息,从"会说话的鼓"传递的原始编码信息到信息论开启的近代通信信息,都包含着人类社会演进的重要信息。数据是用符号、文字、图像等方式对客观事物进行的信息化描述,是信息资源的表现形式和载体。特别是近几年来互联网、物联网的普及应用,使数据的产生、获取、传输、处理更加快捷、高效，数据的应用模式更加丰富，从而推动数据规模提升到拍字节（千万亿字节，PB）级乃至艾字节（百亿亿字节，EB）级。爆发式增长的数据资源需要更新更强的信息处理和利用能力。总的来看，承载着信息的数据本身具备以下特点。

联结力。联结社会生产力诸要素内部及相互之间，使之形成有机运动整体，生成整体功能的作用力。伴随着新一代信息通信技术的发展，无所不在的感知时代，无所不在的智能设备和终端集成加速度、陀螺仪、亮度、地磁、方向、压力等多种数据采集的传感器，数以亿计的摄像头部署在世界上的各个角落，所有生产装备、感知设备、联网终端，甚至生产者本身都在源源不断地产生数据，网上搜索、浏览、购物、邮件每时每刻都在被记录，这些数据将会渗透到企业运营、价值链乃至产品的整个生命周期，成为生产要素和资源的关键载体。

调控力。调节和控制不同层次的社会生产力系统内部及相互之间以及与环境之间的相互关系，最大限度地发挥整体功能。新一代信息技术实现了信息的快速和发散传递，企业开始构建以协作关系为基础的组织模式，将严密的传统组织拆解为分工更加细化的独立个体（小型团队乃至个人），根据目标和任务，个体之间随时建立协作关系，任务完成便解除关系，随后根据下一项任务的需要重新组合。这种方式使得新时期企业具备了自适应、自学习、自组织等特点，同时，通过新一代信息技术的广泛融合应用，网络化组织催生出互联网平台这一典型形态，其开放、共享、协同、无边界的特征，使企业不断地突破地域、领域、技术的界限，让技术、资金、人才等创新要素的汇聚更加迅速和便捷，企业组织模式正从单个企业向跨领域多主体的协同创新网络转变。

决策力。在全部决策过程中通过数据的收集、加工处理、存储传递，形成科学的系统目标和行动方案。企业内部数据的横向集成以及企业间数据的纵向集成，带来了数据的完整性、及时性、准确性和可执行性，推动"数据-信息-知识-决策"持续转化，构建企业运营新机制。数据会成为信息，信息会变成知识，知识会带来服务，数据到服务的转变依赖于数据的准确性、及时性和完整性，而数据的准确性、及时性和完整性来自数据的开放、共享和集成。

辐射力。通过数据传递使空间相对缩小、时间绝对缩短，提高投入产出的效率。信息可以从一个载体复制到另一个载体，从一种形态转换成另一种形态。无所不在的感知带来无所不在的连接，从而使得信息传递无所不在。固定网络、无线网络、物联网络覆盖了世界的每一个角落，过去的通信是人和人的通信，是70亿人和70亿人之间的通信，现在的通信正在解决人和物的通信，70亿人和百亿量级的智能终端之间的通信正在形成。未来，还将会出现物和物之间的通信，10年以后，可能是千亿量级的通信。

再生力。通过数据开发利用，使得数据再生和增值，是未来生产力的典型特征。数据的驱动作用日益增强，不断催化和重构生产要素，将促进以物质生产、物质服务为主的经济发展模式向以信息生产、信息服务为主的经济发展模式加速转变，从而大幅提升全要素生产率，不断提高供给质量。

2. 数据催生新劳动者、新岗位和就业新途径

随着科学技术的进一步发展，劳动者的科技素质和文化素质也将进一步提高。未来的劳动者是脑力劳动和体力劳动高度结合的劳动者，是知识分子化的劳动者，是熟练掌握高新技术又有创新能力的劳动者，这样的劳动者将使生产力几倍、几十倍地增长。

数字技术进步是数字经济发展的动力，虽然会导致部分岗位和就业被

技术和数字设备所替代，但是技术进步同样会带来新的就业岗位，并且催生新业态、新产业，产生更多的就业机会。

数字经济改变了企业的组织形式，企业组织平台化发展。劳动者可以跨越时空限制，远距离获得工作机会。就业边界逐渐被突破，形成了基于平台的就业新途径。大量个体和团队能够借助平台模式以较低的成本获得就业机会。

3. 数据让生产工具智能化、精密化和高速化

生产工具的发展，是从低级到高级，由简单到复杂，由手工操作到自动操作的。马克思在概括机器的发展进程时指出："简单的工具，工具的积累，复合的工具；由一个发动机即人手开动复合工具，由自然力开动这些工具；机器；有一个发动机的机器体系；有自动发动机的机器体系——这就是机器发展的过程。"现代的机器体系比当年马克思设想的自动发动机的机器体系更复杂、更自动、更高级。

以计算机为核心部件的智能机器系统，对逐步实现生产自动化、办公自动化、家庭生活自动化，起着越来越重要的作用。现代的智能机器系统与传统机器系统是不同的。传统的机器系统主要由工作机、动力机和传动机三部分组成。而智能机器系统主要由工作机、动力机、传送机和控制机四部分组成。智能机器系统中控制机起着决定性的作用，智能机器系统的改进，主要表现就是控制机的改进。由于控制机的改进，智能机器系统不断智能化、自动化、精密化和高速化。运用智能机器系统进行生产，必将使生产的效益更高、质量更好、效率更高。

无所不在的感知、无所不在的连接必然带来无所不在的数据，智能装备的自感知、自决策、自执行奠定了从单机智能化到智能生产线、智能工厂的基础。生产线、生产设备的数据可以用于设备本身的实时监控，实现

工业控制和管理最优化。

4. 数据成为新的劳动对象

数字生产力阶段，劳动对象从各种有形的实物，如书籍、报刊、支票、现金、现场会议等转变成数字信号等虚物，"0"与"1"以无形的方式在磁盘中转化、存储、处理和显示各种文字、图像、影音等信息，并以极快的速度在网络中超越时空障碍地传输。与传统机器生产力的机械化特征相比，高度智能化与网络化是数字生产力最显著的特征之一。

数据应用是催生需求和产业发展的驱动力，也是数据的价值所在。充分挖掘大数据的社会价值和经济价值，为产业转型升级、公共服务提升和政府治理优化带来了良好的发展机遇。在公共政策、舆情监控、犯罪预测、反恐等领域依据大数据分析辅助决策，以大数据应用增强社会服务能力。人口、交通、医疗等公共事业部门通过大数据的挖掘，实现了对人口流动、交通拥堵、传染病蔓延等情况的实时分析。

（三）新生产力的崛起：数据生产力

1. 数据生产力的本质：以数据流动的自动化化解复杂系统的不确定性

数据生产力是基于"数据+算力+算法"定义的生产力，本质是以数据流动的自动化，构建基于数据自动流动的状态感知、实时分析、科学决策、精准执行的闭环赋能体系，化解复杂系统的不确定性，实现资源优化配置，形成新的生产力系统。

2. 数据生产力的基本特征：高度智能化、高度渗透性和高度扩散性

在数字经济时代，最根本的是什么变了？是信息的组织方式变了，信息如何被采集、如何被加工、如何被处理的手段变了，信息传递的速度变了、广度变了、深度变了，信息本身的及时性变了、准确性变了、可靠性变了。数据生产力的基本特征是高度智能化、高度渗透性和高度扩散性。

高度智能化。信息技术的发展使劳动工具变成了自动化、智能化的机器体系,生产资料效用的发挥需要现代信息网络系统的支撑,各种生产资料连成了一个具有正负反馈功能的、网络化节点式的、有机的互动网络体系。同时伴随着劳动者的转变,机器生产力时期的文化型劳动者占主体,变成了以科技型劳动者为主流,越来越多的劳动者从繁重的体力劳动与简单重复的脑力劳动中解放出来,将更多的精力用于专业化技术能力的提高与创造性知识的生产上。

高度渗透性。数据生产力广泛地渗透于政治、经济、思想、文化、教育等领域中。数据生产力的这一特性与功能根源于它的科学技术基础——信息技术的性质与功能。信息技术是迄今为止人类历史上发展最快、渗透力最强、应用最广泛的高新技术。自20世纪中期开始到现在的几十年中,随着信息技术的迅猛发展,一批信息产业迅速崛起,并在全世界范围内以年均20%的速度增长,形成了巨大的信息产业规模,成为世界范围内的朝阳产业和各国增强综合国力的"倍增器"。在对传统产业的优化改造方面,信息技术堪称渗透力最强的"催化剂",它有效地提高了这些传统产业的劳动生产率,加快了产业的升级,促进产业结构向知识密集型产业和高质量服务业转变,赋予传统产业新的内容。据测算,一个国家对通信建设的投资每增加1%,人均国民经济收入可提高3%。信息技术还通过提供各种信息设备,广泛渗透其他高新技术产业,如生物工程产业、智能机械产业、超导体产业、太阳能产业、空间产业等,成为带动高新技术产业的"领头羊"。信息技术的这些特质与功能决定了数据生产力对人类社会的全方位、深层次的影响,如对产业结构、就业结构、消费结构、投资结构、贸易结构等一系列经济结构的优化作用、对自然资源的优化利用、改进生产关系和上层建筑的素质及协调性等。

高度扩散性。数据生产力是全球范围运行的生产力。数据生产力是一种新质态的生产力，具备迅猛的技术传播速度。这源于信息本身所具有的多种特性，如：可分享性，即可供多个使用者同时分享，且不受限于分享者的数量；可复制性，即信息可以从一个载体复制到另一个载体，从一种形态转换成另一种形态；易流动性，即可借助于一定的传输技术与传播渠道，从一个区域流向另一个区域，而且传输的渠道越多、传输的技术越精，信息流动与扩散的速度就越快。这些都是数据资源区别于物质资料与能量资源的重要特性。随着全球信息网络技术的迅猛发展，数据的这一特性表现得尤为突出。

二、新一代信息技术创新加速全球数字化进程

互联网、大数据、人工智能等新技术的持续创新和高速发展，为社会经济发展注入了新的活力，使得社会加速迈向万物互联、数据驱动、软件定义、智能主导和平台支撑的新时代。

（一）万物互联：互联一切可数字化的事物

万物互联，是将人、流程、数据和事物结合在一起，使得网络连接变得更有价值，从而为人们带来更加丰富的体验和前所未有的经济发展机遇。用通俗的话来说，就是将人与身边的万物用一条看不见的线连接起来。这样就形成了物联网，它是互联网基础上的延伸和扩展的网络，将各种信息传感设备与网络结合起来而形成的一个巨大网络，实现任何时间、任何地点，人、机、物的互联互通。

1. 工业互联：让制造更高效

位于南京市江宁区滨江开发区的中兴通讯滨江全球5G智能制造基地于2020年3月正式投产，是一家秉承"用5G制造5G"理念，打造5G全连

接,生产、运营、管理全面极致优化的智能工厂。在基地的智能工厂里,11条生产线只需要10~20人管理,平均1~2人就能控制好整个生产线,进行有条不紊的加工制造,生产管理、机械加工、包装储运全程无人自动化。自动引导小车AGV(工业级移动机器人)穿梭于备料区、生产线、线边仓等区域,它可以自动避障,完成批次和实时配送。生产线上的机器人、机械臂可以完成运输上料、点胶、装配、贴标、检查等数十道工序的自动化作业。在装配环节,通过5G CPE将机械臂上高清摄像头的视频流传给后台集中计算,分析后再回传"告诉"机械臂如何运动,可以做到每次配件不一样,并根据拿取的配件不同,自动安装配件和螺钉。如果设备"生病"了,"望闻问切"机器人堪比"老中医",在线"号脉"即可知"病情",直接开出"药方"①。

2. 农业物联:让生产更轻松

农业物联网技术主要应用于设施农业、水产养殖、畜禽养殖和大田作物等四大领域。通过农业物联网技术,让农业实现"环境可测、生产可控、智能储运、质量可溯"。依托卫星定位、自动导航、遥感监测、传感识别、智能机械、电子制数字虚拟世界图等技术发展的智能农业,可以根据不同地块的地貌状况、地形特征、肥沃程度、土壤墒情、作物种类等采取不同的作业方案实现精准化作业②。

2013年,安徽省来安县投入120万元建设了农业物联网综合服务平台、生产指挥调度中心,这是一个通过传感、摄像等设备,实现对气象、农作物、土壤全天候视频监控、环境监控的服务平台,技术人员会把当地每种农作物收成最好的一年的相关数据存档,当作标准数据库,以后的同种农

---

① 参见陈姝《工业互联网全新升级:用"5G制造5G"》,《深圳商报》2021年4月7日。
② 参见胡虎、赵敏、宁振波《三体智能革命》,电子工业出版社,2016。

作物种植都以这些数据为标准,若是遥感器检测到温度、湿度、光照等情况异动,就会发出指令自动调节。在农户的西红柿大棚里,一个监控器悬在空中、一个遥感器匍匐在地上,通过它们菜农可以看到西红柿生长情况,遥感器可以检测棚内的土壤和空气的湿度、温度等信息,一旦与已经输入的标准数据有偏移,就会自动发出指令修改。使用农业物联网后,不但西红柿亩产增加1000斤以上,而且可以实现科学施肥、用药,并进行质量安全溯源。

(二)数据驱动:驱动社会资源的优化配置

"不会量化就无法管理"是管理大师德鲁克赞同的管理实践。信息管理系统的使用、智能装备和终端的普及以及各类传感器的部署,使得所有生产装备、感知设备、互联网终端甚至生产者本身都在源源不断地产生数据,这些爆炸式增长的企业数据是企业画像构建的核心基础资源,也为管理量化提供了一手信息。获得广泛数据是智慧决策的第一步,数据作为一种新的管理要素,与传统的技术、业务流程和组织架构相互影响、相互作用,支撑企业的业务创新、管理创新和战略优化,使得管理更加高效、精准。

1. 数据驱动营销:助力企业告别流量窘境

基于大数据的精准营销过程分为采集和处理数据、建模分析数据、解读数据三个方面。通过对客户特征、产品特征、消费行为特征数据的采集和处理,可以进行多维度的客户消费特征分析、产品策略分析和销售策略指导分析。通过准确把握客户需求、增加客户互动的方式推动营销策略的策划和执行。

作为中国最大的合资寿险公司之一——中意人寿保险早在2017年便提出了走向数字化、智能化的战略。通过建立大数据平台,将内外部数据整合,根据客户的年龄、收入、行为习惯、需求偏好等多维度数据信息,全面地描绘出客户画像，实现客户偏好定向，识别消费者潜在风险，提升行动效率。再根据客户特点和保险需求，策划精准营销活动，进行精准的数字化广告投放，提高客户渗透率、客户转化率和保险产品转化率。进行客户与代理人的适配预测，并将分析结果融入代理人的招聘、培训、管理、销售等环节中，以提高代理人留存率和销售转化率。建立客户续期概率模型，预测在保保单的续期率，并针对不同的客户设计不同的优惠和福利方案，结合产品推荐为二次销售提供支持。平台的使用实现了销售的商机诊断和预测水平的提高，月成交率提高了24%，销售人员单一客户的销售金额整体提高了13%，老客户回购率提高了15%，利润率提高了30%。

2. 数据驱动管理：带领企业走出管理盲区

企业需要应用大数据对自身生产体系进行全面的分析，加强对产品生产的管理，实现从粗放管理到精细管理的转变。产品生产过程中会产生信息，企业收集产品信息，并利用大数据系统对产品信息进行分析，随后反馈给生产部门，生产部门根据分析结果优化生产计划，实现生产管理和数据处理的统一进行，同时降低生产成本。

国内大尺寸液晶面板四大巨头之一——惠科集团从 2018 年开始筹建集团统一的数据中心，基于数据中心构建了统一的数据分析平台，随后搭建"预算编制－成本控制－预算执行－预实对比－分析报告"全流程经营决策系统，进而建立了包含生产、销售、财务、人力等全方位信息经营管理"驾驶舱"，实现了数据实时监控、异常数据追溯、月度（季度）经营分析无纸化，从经验式管理迈入数字化管理。

（三）软件定义：定义数据自动流动的规则

数据的自动流动是优化制造资源配置的关键，问题是如何实现数据的自动流动，如何把正确的数据以正确的方式在正确的时间传递给正确的人和机器，背后需要一套数据自动流动的规则体系，这套规则体系就是软件。软件的本质是构建一套数据自动流动的规则体系，基于软件打造"状态感知－实时分析－科学决策－精准执行"的数据闭环，解决研发设计、生产制造、运营管理乃至生产制造全过程中的复杂性和不确定性问题，提高资源配置效率①。

1. 软件定义汽车产品：打造自动驾驶的全栈闭环

英伟达智能汽车解决方案 Drive，是把端到端、闭环、软件定义汽车这些自动驾驶时髦的词汇落地的业界最佳实践②。英伟达的 Drive 系列是面向汽车客户的解决方案，该方案由深度学习训练平台 Drive DGX、仿真平台 Drive Sim、自动驾驶模块化软件 Drive SDK 和自动驾驶家开发平台 Drive Hyperion 等四个软件产品组成。这四个产品系列相互支撑，组成了在统一计算架构下的真正端到端开发流程。从 Drive DGX 开始，进行自动驾驶感知、规划、控制的模型训练和优化；Drive Sim 通过虚拟仿真出的模拟数据，与传感器采集到的真实数据对比，对模型和算法进行验证；Drive SDK 更像是一个软件货架，提供基础软件、中间件、应用软件等全栈软件；而 Drive Hyperion 是数据采集和验证开发的套件，客户通过 Drive SDK 和 Drive Hyperion 快速构建自动驾驶的技术能力，实现多传感器数据采集、模型训练、测试和验证。Drive 产品系列实现了纵向、横向和纵深三大闭环；纵向实现了从车端到云端，从应用软件、中间件、基础 OS 到底层硬件计算的闭环；横向实现了从感知到规控，从数据采集、标注、训练、仿真到验证的闭环；纵深实现了从需求到开发到交付再到维护，产品全生命周期的开发流程闭环。

---

① 安筱鹏：《重构：数字化转型的逻辑》，电子工业出版社，2019。
② 汽车人参考：《英伟达全面分析（八），三大闭环，软件定义汽车下端到端最佳案例》，https：//baijiahao.baidu.com/s? id = 1729499061741209243&wfr = spider&for = pc，2022 年 4 月 8 日。

2. 软件定义加工生产：推进智能制造的聚智铸魂

离散制造业的车间生产呈现相当的复杂性，尤其是多品种小批量的生产，车间的信息数据交流非常复杂，运行需要很多软件系统支撑，如智能MES系统、智能物流系统、智能生产监控中心、设备在线监测与控制系统、智能运营管理平台（包括ERP）、大数据分析平台、产品生命周期管理（PLM）等。

中国科学院沈阳自动化研究所通过构建软件定义可自重构的离散制造系统，使生产制造系统具有高度灵活性。如图1-1所示。搭建的智能制造验证平台由设计开发平台、虚拟制造支撑系统、基于工业SDN的自组织全互联网络系统、可重构模块化制造系统、检测系统、柔性智能物流系统和服务平台构成[1]。其中，设计开发平台、虚拟制造支撑系统、可重构模块化制造系统和服务平台构成了从设计、制造到服务的端到端数字化集成系统和从销售到企业管理再到车间生产管理和设备层的垂直集成，用于验证产品的全生命周期管理和智能制造系统的端到端集成技术；虚拟制造支撑系统、基于工业SDN的自组织全互联网络系统、可重构模块化制造系统、检测系统和柔性智能物流系统则构成了网络化生产系统，用于验证智能制造系统的纵向集成技术。生产制造过程可以针对产品设计和订单的变化，自动调整加工和装配环节的任务、工艺流程、路径规划和控制参数以及生产系统的结构和控制程序，大幅缩短产品的交付周期，使其快速响应高度定制化产品规模化生产的需求，实现小批量甚至单件化定制产品的规模化、经济型生产。

---

[1] 中国电子技术标准化研究院：《智能制造标准化》，清华大学出版社，2019。

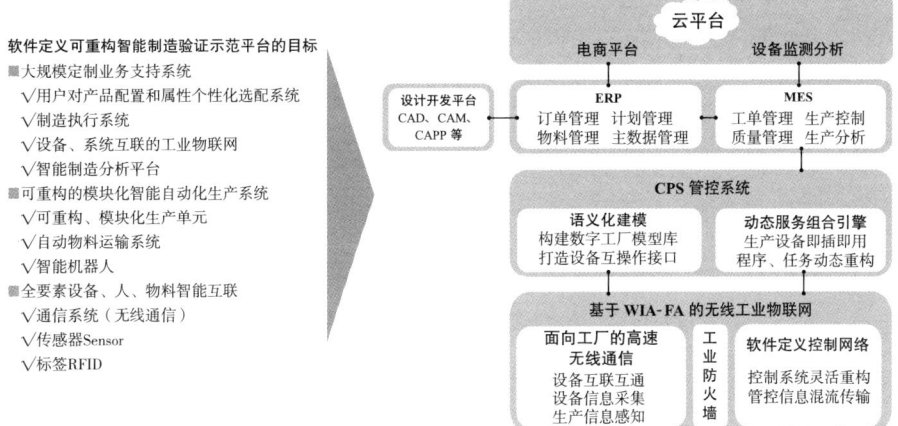

图 1-1　智能制造验证平台架构①

(四) 智能主导：主导人类社会的范式迁移

智能本质是一切生命系统对自然规律的感应、认知与运用②。人工智能是一种始于感知，精于计算，巧于决策，勤于执行，善于学习的具有模仿、拓展和超越人类能力的系统。认识智能，理解智能，定义智能，走向智能，驾驭智能，使智能服务于人，满足人的需求和意愿，是当今时代必须面对的课题。

1. 智能主导家居生活：让生活更便捷

智能家居将人工智能技术运用在人们的日常生活中，在安装智能家居设备的房子里，人们可以通过语音直接与智能设备交互，能满足日常生活用品线上购买、查询天气、听新闻等日常生活的多种多样需求。智能家居的出现，让生活不仅多了一分便利，还多了一分乐趣。

---

① 工业互联网产业联盟：《工业互联网验证示范平台丨软件定义的可重构智能制造》，https://mp.weixin.qq.com/s/NEfLe9Y-kmoKAClmC4bllPA，2017年4月17日。

② 胡虎、赵敏、宁振波：《三体智能革命》，电子工业出版社，2016。

>> **智能家居生活**

下班回家,你站在门口用人脸识别解开门锁。打开门的那一刻,室内灯光自动开启。贴心的语音助手温柔问候:"主人,欢迎回家,已为您开启空调,现在室内温度为26℃,湿度为50%,您想听听热点新闻还是来点音乐?"在沙发上小憩,一键开启按摩模式,柔和的音乐缓缓响起,系统通过你手上的智能手环检测到你的心跳逐渐平稳正进入睡眠,开始缓缓拉上窗帘,音乐声减弱,室温也自动转换为睡眠模式。小憩醒来后,走进自动淋浴的浴室,语音控制水温和水速。洗完澡换上舒适睡衣的你躺在床上,一键抬升背部,开启睡前的阅读时光。深夜,床垫检测到劳累的你鼾声四起,开启鼾声干预模式,调整床垫角度从而调整你的睡姿,让你睡得更安稳。清晨,床的"记忆模式"准时开启智能唤醒,床头缓缓升起,你在温柔的唤醒声中睁开双眼,打开手机查看自己昨晚的呼吸、心跳频率以及深睡时长。窗帘自动拉开、最爱的音乐缓缓响起。你站在"魔镜"前,一边洗漱,一边听着"魔镜"汇报天气、路况和刚发生的热点新闻。

2. 智能主导城市建设:让城市更智慧

2021年4月22日,智慧聊城城市大脑平台正式上线。智慧聊城城市大脑借助人工智能、大数据等技术,以城市大数据为基础,构建感知设施统筹、数据统管、平台统一、系统集成和应用多样的城市大脑,同时建成落地智慧聊城创新中心,建立起"能感知、能思考、有决策、有温度"的智能化支撑体系,支撑全市新型智慧城市建设。截至2022年3月,该平台和中心在城市管理、数据汇聚、生态环境监测、民生服务、重点安全、政务办公和基础设施建设等领域实现了城市运行状态的全面感知、日常协同管理的高效智能、应急指挥决策的实时精准、城市发展规划的科学合理。

(五)平台支撑:支撑产业生态体系的构建

平台是基于信息技术构建的连接多个参与方的虚拟空间,是提供信息汇聚、产品交易和知识交易的互联网信息服务载体。互联网平台作为典型的双边市场、多边市场,在全产业链甚至全球范围内更高效地汇聚、更便捷地开放、更有效地配置要素资源,在很大程度上融合了生产者与消费者之间的边界,创新创业主体逐渐从企业向个人延伸,海量个人作为经济主体的现象更加普遍化,"平台+个人"将成为产业分工协作的新架构。

1. 工业互联网平台:构建制造业转型升级载体

工业互联网平台是制造业与新一代信息技术深度融合的产物,本质上是通过构建"数据+算力+模型+应用"的整体解决方案提供描述、诊断、预测和决策不同应用深度的服务。

制造业门类众多、差异巨大,以钢铁行业为例,宝钢集团面向钢铁行业设备远程运维建立了工业互联网平台,该平台架构分为采集层、数据层和服务层。采集层实现对监测设备状态数字化,并自动进行采集和传输;数据层实现监测数据接收、存储和分析,并与服务层进行交互通信;服务层对数据层的在线监测数据进行综合分析,提供面向现场在线监测、故障诊断、状态预警等业务功能,并实现设备维修管理、备件管理以及检修计划优化等功能。促进了设备维修实现从被动处理到主动管控、从单一数据专项分析到大数据综合分析、从基于经验的预防性维修到基于数据的预测性维修、从单纯反馈设备状态到提供整体解决方案的四个转变,为企业带来了显著经济效益,使设备运维成本降低5%以上、检修作业效率提升10%以上、设备整体效率提升5%以上、备件使用效率提升10%,并每年为企业带来基于平台增加的社会市场技术服务费约2000万元以上[①]。

---

① 中国电子信息产业发展研究院信息化与软件产业研究所:《工业互联网平台赋能重点行业数字化转型方法论白皮书》,2020。

2. 信用共享平台：构建社会关系可靠互信体系

利用区块链技术建立的信用共享平台，正加快构建信息不对称、不确定的环境下的完整可靠信用体系，极大地减少了企业内外部交易和协调成本，为构建全体共治的新型协作关系提供可能。

金融领域是区块链技术的第一战场，我国从 2016 年起，各大金融相关机构开始探索区块链技术在金融行业中的应用场景。中国人民银行南昌中心支行于 2018 年启动江西省安全可信金融大数据共享平台，推动银政企数据融合应用，增强银企信息对称，疏解中小微企业融资难题，助力普惠金融发展。该平台由金融大数据基础平台、基于联盟链的金融业数据共享平台、企业收支流水大数据征信平台及农村经营户信用信息联网核查平台组成，解决了数据分布分散化、隐私保护要求高、银政业务协同难等问题，提升了中国人民银行宏观调控的智能化水平，夯实了中国人民银行信息服务与决策支持的基础，提高了中国人民银行金融风险防范能力，打破了银政企数据孤岛，降低了行业成本，创新了金融业服务模式，发挥了数据融合优势，实现了数据交易合规可追溯，穿透式监管。

第二章
数字社会的基本概念

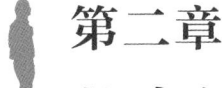

如果说数字经济是继农业经济、工业经济之后的全新经济形态，那么对应地，数字社会是继农业社会、工业社会之后的全新社会形态，是对应数字经济生产生活方式下的社会关系重构。走向数字社会有着漫长的历史过程和特殊的历史条件，数字技术作为新一轮科技革命的引领力量，正在带领整个社会向数字化、网络化、智能化的方向加速演进，带来的影响深度和广度前所未有，正在对社会政治、经济、文化等方面产生深刻影响，同时不再呈现技术的点状影响特征，而是通过互联共享形态、融合创新属性拉动更多领域实现"同频共振"，振波不断向更深、更广方向延伸，直至真正推动物理世界和数字世界的交融。

一、数字社会的起源及演变

在数字社会之前，关于信息社会的研究较多，更多起源于对以数字信息化形态出现的"虚拟世界"的探讨。目前，信息社会更像是工业社会向数字社会的过渡阶段，是数字社会的雏形。在从信息社会走向数字社会的过程中，以数字技术为代表的科技力量对社会结构、社会互动主体及其关系产生越发深刻的影响，推动数字社会的成熟化和最终形成。回顾数字社会概念的起源和演变，梳理各国当前建设数字社会的一些实践，有助于把握数字社会的本质，也有助于更好地应对数字社会的到来。

（一）概念背景：新科技时代背景催生数字社会

第四次科技革命方兴未艾，新一代数字技术是其中的主导力量。但应认识到，数字技术驱动科技革命并不等同于数字技术驱动社会革命。只有数字科技的影响渗透到社会领域，即一系列数字技术对社会的生产方式、治理方式产生深刻影响的时候，以数字技术为核心的科技才能成为驱动社会变革的关键变量。

1. 数字技术成为新一轮科技革命的领军力量

近20年，数字技术加速发展。以互联网为代表的虚拟互联技术极大地推动了数字技术在全社会的普及应用，并逐渐衍生出更多互联互通和智能化的技术概念。

当前，数字技术范畴早就超越了互联网概念，随着大数据、云计算、物联网、人工智能、区块链、虚拟现实/增强现实（VR/AR）、元宇宙、量子科技等新技术层出不穷，新一代数字技术的内涵也不断拓展。与此同时，数字技术还在纳米技术、3D打印、生物科技、材料科学、能源储存、仿真机器人等不同领域也产生重要影响，由于数字技术天然的数据化，以及人工智能驱动的智能化，数字技术越发成为其他技术进步的基础技术和驱动力，推动跨界技术融合发展，在更广泛的技术领域和应用场景中实现数字社会的构建。

2. 数字技术逐渐成为生活的基础支撑

数字技术不仅驱动技术革命，还日益渗透到人们的生活领域，成为人们生活的基础支撑和必要条件。可以说，现代人已经难以想象离开数字技术的生活，因为数字技术早已渗透到生活的方方面面。

社交、教育、购物、娱乐等无不彰显着数字技术对生活的改造和变革。比如，以QQ、Facebook、微博、微信、WhatsApp等社交软件为代表，数字技术改变了人们的社交方式。从表面上看，手机、聊天软件改变了人们联系的方式，人们的视频聊天、语音通话都变得无比简单；但实际上社交软件和社交媒体在某种意义上重塑了人际关系，比如算法正在定义和改变人们交际的潜在对象，而虚拟照片也可能促进或阻碍现实中的人际交往。

3. 数字技术正在推动生产效率提升和生产方式变革

数字技术对生产方式的深刻影响主要体现在以下三个方面。

首先,数字技术驱动生产工具的进步和推陈出新。人工智能驱动的智能机器人替代一部分人力,提高生产效率。比如制造业领域的工业机器人已经十分普遍,在部分工作领域比人工劳作更有效率。

其次,数据成为和土地、劳动力、资本、技术并列的一种新型生产要素。数据的流动、分享、加工处理会优化资源配置和使用效率,即产生了价值。比如智慧医疗,人工智能通过对已有病例数据的学习能够辅助医生做医疗诊断,提高就医效率。

最后,企业的数字化转型驱动企业的变革。比如数字技术使得企业的管理结构日益扁平化,这会对企业组织形态产生重要影响。当前甚至已经出现了与企业的中心化管理完全不同的去中心化自治组织。

更重要的是数字技术塑造下的社会关系也影响着传统的生产关系,劳动者和企业的关系、企业管理者和劳动者的关系都会被改变。

(二)概念演进:从信息社会到数字社会

新一代数字技术驱动下的科技革命正深刻改变着社会,并出现了许多新特征。20世纪90年代,一些学者强调信息社会的出现,但在20余年的发展中,数字社会已经实现了重要演化,人们认为,信息社会只是工业社会向数字社会的过渡阶段,可以理解为数字社会的雏形。数字社会更强调数字技术在社会各领域、各层面的全面应用,因此,当前人类仍处于数字社会的初级阶段,还未进入真正意义上的数字社会。以互联网发展和应用的时间脉络,我们梳理了信息社会的产生及其向数字社会演进的过程。

1. 信息社会的出现:数字技术开始改变社会

20世纪90年代互联网开始普及使用,才使得以电子技术为主的数字技术摆脱了"单机状态",开始加速互联互通,数字技术的效应开始向全社会加倍辐射。

互联网诞生以及成为社会应用的过程,就是信息社会开始形成的过程。计算机网络虽然在 20 世纪 60 年代就已发明,但一直仅用于军事和科研领域,还并未走入人们的日常生活。1990 年,蒂姆·伯纳斯-李发明了第一个网页浏览器 Word Wide Web,此浏览器后改名为 Nexus。1993 年图形界面万花筒(Mosaic)浏览器的出现标志着互联网的社会化应用,且开始成为大众使用的工具。但是浏览器只是工具,要使互联网真正走入社会,甚至进入普通民众的生活,还需要两个至关重要的条件:一是方便能够接入互联网的网络设施,二是专门提供网络接入服务的机构。所以当 1994 年互联网接入的商业服务出现以后,意味着真正意义上的互联网社会化应用出现了。

2. 信息社会的进阶:互联网加速信息互联互通

互联网成为社会应用并逐渐普遍化、日常化的过程,是信息社会逐渐发展和进阶的过程。互联网成为社会应用,并不意味着这一社会应用普及开来,还需要更多的社会条件。当电信基础设施进一步普及和完善、摩尔定律驱动下的计算机体积日益缩小、电信企业降低资费水平以后,互联网应用更是具备了成为数字社会流通的基本前提和条件。随后,互联网从桌面端向移动端演进,加速了整个社会快速进入移动办公、移动生活的时代。

在创新和技术扩散领域,有一条著名的 S 曲线。根据 S 曲线,新技术潮流的普及过程分为五个阶段。其中第三阶段是流行拐点阶段。2012 年互联网用户比例达到 34.2%,跨过了 33.3% 的临界点。这意味着互联网向全球扩散的趋势将不可阻挡。2021 年,全球互联网用户比例达到 62.5%。

3. 数字社会的演进:从信息社会到数字社会的变革

信息社会只是数字社会的雏形。虽然在一些表述中,信息社会和数字社会是混用的，但二者其实是有区别的。数字社会是信息社会成熟以后的新发展阶段。信息社会仅强调万物信息化，一切都能以比特为单位进行储存，但数字社会不仅有信息交流的数字化之意，还有对信息的计算和应用以及信息和数据成为一种能动的生产要素。当数字技术越发智能化并且对社会产生深层次影响时，数字社会的概念才会被提出。

数字社会概念的提出。1997 年，在《数字社会生活设计》（*A Design for Living in the Digital Society*）一文中明确出现数字社会这一概念。随着信息社会的发展，数字社会的一些特征开始显现，越来越多的人关注和讨论数字社会。

当前数字社会甚至演变成了一门学科。国际上已有多个大学开设数字社会独立学科，国内北京航空航天大学等建立了第一个以"数字社会"为名的区块链实验室。

尽管如此，学界目前对数字社会没有一个通用的、统一认可的定义。多数情况下将其作为背景概念提出，借以研究在数字化背景下经济发展、数字治理等议题。新华三集团数字经济研究院发布了《数字社会蓝皮书（2021）》，综合了多位学者和研究机构对数字社会的研究，基于国家对数字社会建设的目标要求以及业界的不同观点，将数字社会定义为以新一代信息技术为基础的全新的经济社会发展形态，是将数字技术全面融入经济、政治、文化、社会、生态文明建设全过程，带来新的生产要素、新的基础设施、新的发展理念、新的经济形态和新的治理格局，从而保障基本社会民生，优化社会运行模式和效率，提升人民福祉。

4. 数字社会的核心特征

数字社会是信息社会发展成熟以后的社会发展阶段，需要满足无边界连接和数实融合共生两大核心特征。

无边界连接。无边界有两个层次的含义。第一，跨区域跨时间的连接，完全不受时空的限制。第二，跨物品种类连接。人与人、人与物、物与物都可以自由连接。在这样一个无边界连接的世界里，任何一个具体的人、物或电脑、智能设备、服务器等，都不只是一个个体，更是成为数字网络上的一个节点。连接则强调人与人、人与物的连接，而且连接的方式以及因连接而产生的应用和功能都是高度智能化、自动化的。

数实融合共生。数字世界是基于现实世界的，但并非现实世界的附属品，而是相对独立的。数字世界不再是现实世界的补充，而成为和现实世界平行的另一种形式的"现实世界"。而且随着脑机接口等技术的成熟，数字世界可能会变成超越现实世界的存在。

（三）全球实践：主要国家和地区全面推进数字社会

在数字社会，政府、企业、公民呈现出巨大的潜力，并呈现出政策先行特征，加速推动全社会的数字化转型变革。美国、欧盟和中国均在推进构建和完善数字社会中起到了重要作用，并呈现出不同特征。

1. 美国实践：数字经济与数字社会的先行者

美国一直走在数字时代的前列。第一台计算机诞生于美国；互联网是由美国军方项目发展而来的；戴尔公司降低了个人计算机的价格，使得个人计算机得以普及；苹果公司推出了智能手机，让信息传递更加便捷。美国也是较早制定专门政策助力社会的信息化和数字化的国家。1991年，美国国会通过《高性能计算法案》，标志着美国开始进行数字化转型，该法案促成了高性能计算和通信计划。1998年又对该法案进行修订，确保美国在该领域的领先地位。1993年，克林顿政府颁布了《国家信息基础设施行动计划》，投资4000亿美元建设"信息高速公路"，推动互联网的普及工作。

美国是全球最早布局数字经济的国家。1998年，美国商务部发布了《浮现中的数字经济》，正式开始发展数字经济，并连续4年发布年度报告。这一系列政策布局使美国经济在克林顿任期内实现持续增长，失业率降至24年来最低点，通货膨胀降到30年来最低点，经济实现快速增长。同时奠定了美国在数字经济领域的领先地位。到2017年，美国数字经济总量约为11.50万亿美元，居全球首位，占美国GDP高达60%。奥巴马执政期间，布局云计算、大数据、先进制造、5G、量子通信等前沿科技，推动移动互联网、人工智能、区块链等技术的发展。2009—2017年的8年时间，美国固定宽带用户数量增长了2倍多。在云计算领域，美国设立了多个云计算管理机构，共同处理联邦政府云计算事务，确保云计算在所有联邦政府采购项目中居于优先地位[1]。

近几年来，美国发展数字社会及其技术部署的力度明显加大。2019年美国国防部发布了《数字现代化战略》，明确了网络安全、人工智能、网络云技术、指挥控制和通信四个优先发展事项。2019年2月，特朗普签署了《维护美国人工智能领导地位的行政命令》，计划在人工智能和量子信息科学领域投入大量资金，增强国际竞争力[2]。之后，又颁布了《临时国家安全战略指南》《2021年战略竞争法案》《2021美国创新与竞争法案》等一系列法案。美国政府希望通过制定的这些政策能够保证美国在人工智能、5G、自动驾驶等数字经济领域始终保持领先地位[3]。

美国的数字建设野心甚至伸展至全世界，试图建立以自己为主导的全

---

[1] 马化腾、孟昭莉、闫德利等：《数字经济：中国创新增长新动能》，中信出版集团，2017。
[2] U. S. Executive Office of the President, "Maintaining American Leadership in Artificial Intelligence," https://www.federalregister.gov/documents/2019/02/14/2019-02544/maintaining-american-leadership-in-artificial-intelligence.
[3] 胡微微、周环珠、曹堂哲：《美国数字战略的演进与发展》，《中国电子科学研究院学报》2022年第1期。

球数字生态。在当今世界面临数字化转型的背景下，美国国际开发署发布了《数字战略（2020—2024）》，计划围绕两个主要目标完成30项任务。这两个目标一是使用数字技术来实现重大发展和人道主义援助，二是加强国家级数字生态系统的开放性、包容性和安全性，以此"促进和实现国外的民主价值观，并促进一个自由、和平与繁荣的世界"①。但其本质目标是试图在全球范围构建以自身为主导的数字生态系统。

2. 欧盟实践：关注技术和民生的数字社会

欧盟近年来也在加紧布局数字社会建设。2016年，欧盟委员会发布《打造欧洲数字化社会创新（DSI）生态系统》报告，报告中将DSI定义为：一种社会化与协作式的创新，使创新者、用户和团体组织能利用数字化技术，共同创造社会所需的知识和解决方案，且其创造规模和速度远超互联网兴起之前。2016年，比利时弗拉芒大区在《2050创新愿景》中的"工业4.0"提出要以可持续发展为主导原则，以知识发展为驱动力，全力打造数字社会。2018年，欧盟设立了"数字欧洲"项目，计划向该项目拨款92亿欧元，旨在通过投资超级计算、人工智能、网络安全等领域，确保欧洲拥有应对各种数字挑战所需的技能和基础设施，提升欧盟的国际竞争力。该项目预计创造约400万个就业机会，并助力实现"欧洲绿色协议"设定的减排目标。"数字欧洲"项目从2021年开始实施，预计到2027年完成。根据欧盟2021年发布的《2030年数字指南针：数字十年的欧洲之路》，到2030年，欧盟至少应有80%的成年人具备基本数字技能，在欧盟工作的信息技术专业人员应达到2000万人，欧盟所有家庭都接入千兆网络，5G网络覆盖所有居民区等②。

---

① United States Agency for International Development, "USAID'S Digital Strategy Overview," https://www.usaid.gov/usaid-digital-strategy.
② 《欧盟推进数字化建设》，《人民日报》2022年2月24日。

3. 中国实践：区域差异化实践的全社会推进

我国在互联网技术最初产生时处于落后地位，但在数字经济发展中处于世界前列，且在某些领域如电商领域逐渐崭露头角并领先全球，培育出了包括阿里巴巴的淘宝平台、天猫平台、速卖通平台以及拼多多等电商平台品牌。积极发展数字经济、推进数字社会建设是加快实现现代化的必要选择，也是在新一轮技术革命浪潮和新一轮人类社会形态转型中把握主动权、占据主导地位的必须之举。

正因为此，中国加速推进数字中国建设，成为中国版的"数字社会"现实推进战略。《中华人民共和国国民经济和社会发展第十四个五年规划和2035年远景目标纲要》专门辟出一篇《加快数字化发展 建设数字中国》，明确指出要加快数字社会建设步伐，重要内容就是适应数字技术全面融入社会交往和日常生活新趋势，促进公共服务和社会运行方式创新，构筑全民畅享的数字生活。

在国家政策的大力推动下，数字社会建设规模显著：一是互联网用户规模庞大，互联网普及率高。截至2021年6月，网民规模达10.11亿人，手机网民规模达10.07亿人。二是各类数字技术应用广泛而发达。比如手机支付、网络学习、外卖、网上办公等领域已经成为人们生活和工作不可缺少的组成部分。

各省份在政策和实践上共同发力，努力差异化发展数字社会。四川省加快建设网络强省、数字四川、智慧社会，建立成都国际信息安全产业基地、中国科学城绵阳信息安全产业基地等三大国家级园区，推动成都成为全国首批5G网络试点城市，同时抓住珠三角、长三角产业转移时机，大力引进智能终端产业，总产值达千亿元量级[①]。贵州省大力推动大数据与社会

---

① 本报评论员：《四川加快建设网络强省、数字四川、智慧社会》，《四川日报》2022年9月18日。

治理、民生服务等领域的深度交融,通过开展政府数据"聚通用"攻坚战、"迁云"行动等探索数据治理新路径,2021年数字政府能力位列全国第一梯队,省级政府电子政务服务能力综合指数排名全国第一,成效显著①。上海市全面推进城市数字化转型"十四五"规划,实现城区和周边郊区城镇化地区5G网络全覆盖。颁布《上海市公共数据开放暂行办法》,推动建设开放数据集,实现公共数据共享,打通国家、市、区三级交换通道。打造工业互联网平台,实现产业整合,2021年集成电路产业规模达到2500亿元,是国内产业链最完备、综合技术最领先、自主创新能力最强的集成电路产业基地之一,获批国家新一代人工智能创新发展试验区和人工智能创新应用先导区②。广东省数字化进程领跑全国,2021年,广东省数字化规模达到5.9万亿元,占GDP的47.5%,规模居全国第一。广州市建成大型数据中心228个。超算中心用户超过3500家,是世界上用户数量最多、利用率最高、应用范围最广的超算中心之一。2019年广州市跨境电商总值增长80.1%,居全国第一。

二、数字社会的体系架构

数字社会是对传统社会的一次革新和升级,在行为主体、互动媒介和生态体系等三维度都体现出巨大的变革。如图2-1所示。从社会学角度看,一个社会首先要有行为主体,在传统社会有公民、政府和企业三大核心主体,但在数字社会中,在传统公民上衍生出数字公民,同时诞生了数字平台等新组织形态;行为主体之间的互动形成了不同层面的关系矩阵,

---

① 本报记者:《大力推进数字治理 快步迈入数字社会》,《贵州日报》2021年3月3日。
② 上海市人民政府:《上海市人民政府办公厅关于印发〈上海市全面推进城市数字化转型"十四五"规划〉的通知》,https://www.shanghai.gov.cn/nw12344/20211027/6517c7fd7b804553a37c1165f0ff6ee4.html,2021年10月25日。

在传统社会中主要体现在物理空间中,在数字社会中诞生了数字空间、数字身份、数字资产、数字关系等新的关系形态;更值得关注的是,在数字社会中,行为主体及其之间关系变化带来更高层级的社会生态变化,包括全社会的协作体系、价值体系和治理体系的变化。因而,以数字公民和新组织形态为代表的行为主体,在虚拟的数字空间关系矩阵中形成的新兴生态体系,体现了数字社会的体系架构革新,呈现出数字社会在更多点、线、面、网全维度的延展,代表着数字社会演进和发展的未来方向。

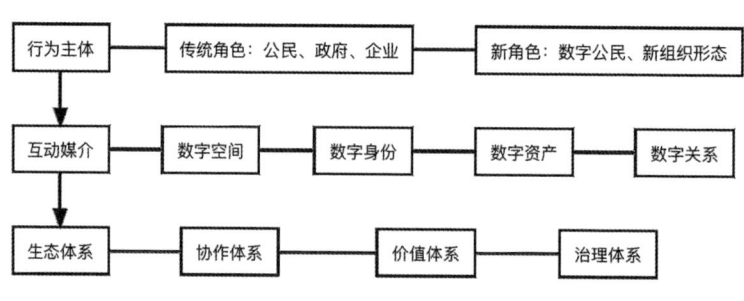

图 2-1 数字社会体系架构

(一)行为主体:新特征、新角色

在数字社会,公民、企业、政府等传统社会角色仍会继续存在,同时还会产生新的社会角色,比如去中心化自治组织(decentralized autonomous organizations,DAO)。有些社会角色是历史的,即只存在于特定历史阶段并不会贯穿人类社会发展全过程。由于公民、企业、政府等角色内生于工业社会,其在数字社会如何延续尚不确定。虽然短期来看,这三个社会角色还不会消失,但可以确定的是,随着数字社会的到来,公民、企业、政府等社会角色的特征将会发生重大转变。同时,由于数字技术大幅降低了人类协作的交易成本和社会运转的制度成本,组织将越发扁平化,去中心化自治组织将扮演重要角色,人工智能驱动的数字公民也将成为现实。

1. 精准服务的数字政府

数字政府区别于传统政府的核心是由管理者转变为精准服务者。数字社会中人与社会的互动以数据和信息为媒介，信息的生产、传播和消费日趋互动化和扁平化，这需要政府不仅是通过代议互动的方式与少数政治精英产生连接，更要通过数字协商的方式与广大民众产生良性互动。

从概念理解，数字政府并非仅仅是指政府办公流程的数字化和政务处理的电子化，更广泛的理解应是指政府通过数字化思维、数字化理念、数字化战略、数字化资源、数字化工具和数字化规则等治理信息社会空间、提供优质政府服务、增强公众服务满意度的过程①。其中核心转变是由管理者转变为服务者。一方面，政府不再是权威型的知识生产中心和信息传播中心，在信息传播扁平化、信息中心多元化的趋势下，政府要转向为社会需求汇集中心和智能服务中心。另一方面，民众对建言献策有了更多的自觉，政府要利用数字技术的优势加强政府信息和服务平台的建设，增强直接收集民众需求、及时回应合理诉求的能力。

从着力点来说，数字政府正在努力缩小不同层次的数字鸿沟。随着数字技术的发展和普及，数字技术的物理接入差异和数字技术的使用差异这前两个层次的数字鸿沟会降低，但第三层次数字鸿沟——利用数字技术获取信息和知识的差异会越来越大。政府绝不仅仅要承担传统意义上加强电信基础设施建设和数字技能培训，更要提高公民自觉运用数字技术筛选信息、增强知识鉴别力、提高决策科学性的意识和能力。

从政府间关系来说，要建设新型国际治理体系以适应数字技术的新要求。自地理大发现以来，人类社会逐渐进入全球化时代，国家与国家

---

① 戴长征、鲍静：《数字政府治理——基于社会形态演变进程的考察》，《中国行政管理》2017年第9期。

的联系日益紧密,与之适应的国际秩序也已形成。但数字技术的全天候、无边界、全连接、共享等特性进一步淡化了国别、时区等传统的地理概念,各国政府协商建立新型国际秩序以适应数字技术提出的新要求变得越发重要。

2. 扁平化、平台化的数字企业

根据科斯的《企业的性质》,在市场交易中之所以产生企业的组织形态,是为了降低交易成本。而在数字社会中,数字企业仍将成为主要微观组织形态,但不论从内部还是外部都体现出明显的平台化特征,从内部来说就是数字化转型的各种形态。从交易成本的角度理解,也是为了迎合数字社会中跨界融合发展的需求。

数字化转型成为企业生存和发展的必选之路。以大数据、物联网等为代表的新一代数字技术正处于加速发展和跨界融合的爆发期,不断催生新的经营理念、生产方式和商业模式。数字化转型是企业利用数字技术,把企业各要素、各环节全部数字化,推动技术、业务、人才、资本等要素资源配置优化,推动业务流程、生产方式重组变革,最终达到提高生产效率的一种转型过程。由于数字化转型不是简单的数字基础设施和软硬件的部署,它是一个复杂的迭代过程,企业应有系统思维,认识到转型中的组织、技术、环境的相互联系,一小步、一小步地逐渐进化,不可操之过急、顾此失彼[①]。

社会责任成为平台类企业的重要考量。企业平台化、产品公共服务化,经济利益与社会责任交织。数字技术正越来越像水、电、煤气一样,成为整个社会运转不可或缺的基础物质。作为互联网平台的企业提供的产品和服务也越发接近公共服务产品,企业自身的经济利益和平台角色所要求的

---

① 朱文海:《制造业数字化转型的系统方法论》,北京大学出版社,2021。

社会责任难免产生冲突。这一平衡的难题超越了传统意义上企业经济利益和社会责任的冲突。

3. 兼具现实和数字身份的数字公民

在现实世界和数字世界里生存，兼具现实身份和数字身份。数字社会对公民提出了新要求，既要有信息生活技能，包括搜集、获取、筛选和过滤信息等，还要有足够的隐私安全和保护能力。同时，要自觉地平衡现实世界和数字世界。

现实身份和数字身份的统一。在数字社会之前，人们在现实的物理空间里进行互动、产生连接、建立关系，此时用的是现实物理世界的身份。而在数字社会，人们通过信息和数据进行互动和连接，彼此感知的是数字身份，也许是社交媒体账号，也许是游戏账号，又或是数字钱包账户。

消费者转为生产-消费者（产消者，proconsumer）。无论是物质生产和消费，还是信息的生产和消费，传统公民习惯的就是做消费者，只有在工作时才承担生产者的角色，生产和消费的界限较为清晰。但在数字社会，生产和消费是交织融合的。物质生产将会和消费者联动，从生产到消费、消费再反馈给生产的链条会大幅缩短；精神和信息生产与消费的边界几乎不再存在，创作文章和视频是生产，对文章和视频的评论、转发和再创作也是生产，生产和消费融合在一起，形成"消费者也是生产者，人人都是生产者"的局面。

信息处理能力成为公民核心素养。由于信息的生产大众化、传播无边界化、获取无门槛化，数字社会的一个特征就是万物数据化、信息化。每一个公民都生活在信息和数据的海洋中，其中不乏各种垃圾信息甚至是虚假信息，而且个人信息在生产、使用和储存的过程中都存在泄露风险，因此培育逻辑思辨和网络技术能力，增强信息甄别、过滤和隐私保护能力是每个数字公民的必修课。更重要的是，数字世界少物理限制、高感官享受的特点使得其比现实世界更易让人沉溺其中，个人平衡现实世界和数字世界，平衡现实关系和数字关系对身心健康和可持续的幸福体验至关重要。

4. 去中心化的新型组织

在数字社会中组织形态日趋扁平化、去中心化。一方面，数字技术天然的互联互通特性显著降低了人类协作的交易成本和信任成本，组织日益扁平化。另一方面，区块链技术和应用兴起，为去中心化组织提供了技术支持。由此，新型组织形态——去中心化自治组织兴起了。

组织平台化形态凸显，呈现出开放性、无边界化、平台化、去中心化。数字技术使得人与人、人与物、物与物都实现了连接和共享，而且信息和数据流通所具备的零时间、零距离、零成本、无边界等特征使得搜索、履约、监督、信任等交易成本大幅降低[1]，各价值创造环节协同创造价值的能力明显增强，组织形态日益具备开放性、无边界、扁平化、去中心化等特点，甚至出现新的不同于企业的组织形态。

去中心化自治组织兴起。区块链技术诞生以后，许多相关的创新应用逐渐产生，去中心化自治组织就是一例。DAO 将组织的管理和运营规则以智能合约的形式编码在区块链上，从而在没有集中控制或第三方干预的情况下自主运行的组织形式。DAO 可以理解为一种高度自治的社区，其生产激励来源于基于区块链的代币，组织内部的决策基于共识机制下组织内部成员的投票[2]。

---

[1] 李海舰、李燕：《企业组织形态演进研究——从工业经济时代到智能经济时代》，《经济管理》2019 年第 10 期。
[2] 肖俨衍、白泽、钱轨：《Web3.0：新范式开启互联网新阶段》，中金公司研究报告（元宇宙系列），2022 年 5 月 17 日。

> **去中心化自治组织**
>
> 根据 DeepDAO 的数据，截至 2022 年 7 月，已有超过 2000 个 DAO 组织管理着共计约 85 亿美元的资产。其中市值超过 1 亿美元的约有 17 个，超过 1000 万美元的约有 54 个。根据组织目标不同，目前的 DAO 可划分为协议型 DAO、投资型 DAO、捐赠型 DAO、服务型 DAO、媒体型 DAO、社交型 DAO、收藏者 DAO。
>
> BitDAO 是一个典型的投资型 DAO，于 2021 年 8 月 3 日创建，目前资产管理规模约 11 亿美元。BitDAO 的愿景是支持开放金融、去中心化、代币化经济的发展。代币 BIT 是 BitDAO 的治理代币，BitDAO 由代币 BIT 持有者拥有和管理，只有在提案和投票成功后才会采取相应投资。代币 BIT 的投资回报来自投资项目的收益，以及自身未来开发相关协议的收入①。
>
> 典型的 DAO 试图解决传统的代理人困境，其不存在人格化的代理人，而是把执行交给智能合约（smart contract），治理则基于股东（持有代币）的直接投票机制。但整体上看 DAO 仍处于初期探索阶段，还存在诸多问题，如合约的安全性问题，投票表决的效率和成本问题。

5. 人工智能的出现挑战数字公民形态

人工智能及机器人的发展，正在挑战数字公民的形态。目前人工智能的发展虽然在某些方面已超越了人类智能，但在意识、情感等方面仍落后于人类智能。但无论人工智能未来是否能具备人类级别的认知和情绪能力，技术驱动、非人类的数字公民都会成为现实，这一类特殊公民虽然在生物意义上是非人类，但在法律意义上将拥有和人类一样甚至比人类更多的公民权。事实上，早在 2017 年 10 月，沙特阿拉伯就授予被称为"最像人的机器人"的女机器人 Sophia 合法公民身份。未来将会有越来越多的这样的公民出现。

---

① 宋嘉吉：《元宇宙（六）：元宇宙的运行之"DAO"》，国盛证券，2021 年 11 月 25 日。

（二）数字社会互动：以数据信息为互动媒介

数字社会里，人与社会以数据信息为媒介。农业社会是以初级社会群体为基础，工业社会是以企业组织与社会团体为基础。人与社会的连接都是通过人，即"以人为媒"。而在数字社会，直接连接到数字网络的个人是基本单位，人与社会通过数据连接，即人们用数字身份在数字空间里交易各种数字资产并在这个过程中形成各种数字关系。

1. 从网络账号到数字身份：数字世界的虚拟身份

数字身份是数字世界的身份凭证，是人们在数字世界交互的前提。正如人们在物理的现实世界和他人进行互动需要一个身份，如姓名、身份证号，人们在虚拟的数字世界进行互动、产生连接也需要一个身份，即数字身份。当下互联网的应用账户就是数字身份的初级形态——数字账号。随着数字世界的发展和丰富，数字身份中的"身份"二字更接近身份的原义，和现实的人联系更紧密。数字身份并不是人们现实身份的数字平行身份，而是人们在数字世界、数字空间建立新关系时的新创造，其更多是现实身份的补充，而不仅仅是映射。

数字身份具有多元、独立和连接并存、匿名和实名结合等特点。正如现实世界的身份并非单维的，人们在数字世界里的身份也是多元的。由于数字世界里完全匿名会不利于对有害言论的监管，因此数字世界里的主要应用所需的数字身份一定是实名的，即和现实的人相互绑定。但数字技术天然的隐匿性决定了大多数数字身份都是匿名的，隐私保护性强。数字身份的实名和匿名也正对应着连接和独立。实名身份是互相连接的，约束身份背后人的行为；匿名身份是互相独立的，保障了人们的隐私需求。每一个公民都既有公开的、互相连接的身份，也有一套隐蔽的、独立的身份集。

2. 数字资产：金融体系的虚拟化和重构

数字资产是人们在数字世界所有数字化资产的总称。具体来看，视频、音频、图像、文档、社交媒体内容、计算机程序以及包括账户和密码在内的所有以电子方式生成、传播、共享、接收的数据都是数字资产①。

数字资产并不仅仅是人们现实世界资产的平行映射，更是数字世界内不同类型价值的表现，比如数据。数字资产打破了时空的界限，在产权界定、储存、展示、转让和交易方面具有物理资产无可比拟的绝对优势。同时，由于数据的无边界连接和共享，数字资产之间还具有可组合性，几乎可无限再创造，比如基于文字、语音和视频的创作和再创作，其唯一约束就是人类的想象力。

万物资产化是数字资产的必经之路。由于技术上确权和交易转让的便利性，一切物理意义上的实体及其行为都可数据化、资产化。而一切数字资产都可以经由再创作生成新的资产。从这个角度讲，数字资产的数量和种类都将是无限的。目前基于区块链技术的非同质化代币（non-fungible token，NFT）就是一种具有技术唯一性数字资产的实例。

>> **非同质化代币**

非同质化代币是基于区块链技术应运而生的一种资产数字化方式。在实际场景中，NFT 并没有代指某种特定的数字资产形式，可以是你能想象到的任何形式，比如图片、音乐、视频、线上收藏品，甚至一条推特。由于 NFT 数字资产的创作、修改、交易等任何信息，都会被一一记录在区块链的数字账本上，因此其具有独特性。

根据 NFTGO 数据，截至 2022 年 7 月，NFT 总市值超过 230 亿美元，其中

---

① 孙旭柳，金慧芳：《"数字中国"建设背景下个人数字资产保护路径与方法》，《出版广角》2022 年第 6 期。

> 头像最低价约11万美元/枚。2022年4月，中国李宁官宣买入BAYC头像#4102号NFT，并发布基于该款BAYC头像的服饰。随后，绿地、倍轻松等上市公司也相继购入BAYC头像。
>
> NFT展示了未来万物资产化的潜力和前景，但还处于发展早期，仍面临着交易费用高、存在较高金融炒作风险等问题。

3. 数字空间：人类需要适应的沉浸空间

数字空间是数字化的虚拟空间。从历史看，人类自古在物理空间之外就有对虚拟空间的需求，比如文学创作、神话传说、大脑想象。这种超越物理空间的需求是普遍的，但在不同时代有不同表现。在工业社会就表现为录音带、电影、电子游戏，而在数字社会就表现为数字空间。

数字空间具有高沉浸感、高参与感、高感官体验等特点。最终的数字空间会将一切人脑想象变成有实际感官体验的活动。从数字空间的形态来看，有两种类型。一是虚拟同现实相结合，基于现实世界，但融合了一定程度的数字元素。比如无人便利店就是其中比较初级的形态。二是完全的虚拟世界。目前这种类型未真正出现，高沉浸感的电子游戏是其雏形。

在工业社会向数字社会转变的过程中，随着包括VR/AR技术、人工智能甚至脑机接口在内的数字技术的发展，数字空间在形态和演进上呈现越发真实的态势，可分为三个阶段：一是"看起来是真的"，比如未来体验更为真实的VR电影、VR游戏；二是"感觉是真的"，这个阶段是通过技术无限模拟真实情况从而达到"欺骗"感官，让大脑误以为是真实的效果；三是"体验起来真好"。这个阶段虽然依旧不是真的，但大脑已经完全无法分辨，因为此时是在生理层面释放相应的脑信号和脑电波，使得数字空间在感官上和现实一模一样。

4. 数字关系：数据媒介下的数据体互动关系

数字关系是被数字化改造的人与人之间的关系，这里的"改造"兼具便利和限制属性。传播学中有一个逻辑是"媒介即信息"。在数字社会，人们建立关系的媒介不再是人，而是数据。比如传统的相亲是熟人介绍，而如今的相亲是在网站或 App 上填写不同维度的个人信息，以数据的方式、界面的展示形态呈现自己。对于平台来说，用户都不是"人"，而是拥有某种数据特点的"数据体"。于是平台的算法进一步塑造了人与人的连接机会和可能性，即算法定义了连接的潜在对象。从这个角度看，数字技术在便利人与人连接的同时也在"限制"人们建立关系的可能性。

（三）数字社会生态：技术驱动信任、价值共创共享

技术驱动信任、价值共创共享，无界化协作、跨国界的治理体系等特征将越发凸显。在数字社会中，人们协作更加无边界化，信任不再完全依赖某种中介主体，技术亦可建立信任；价值将有更公平合理的分配机制，不再完全由大平台垄断，而是全体创作者和参与者共享，"创作者经济"将成为主流。数字技术本身的无边界，开放共享特性将对现有治理体系产生冲击，未来要建立包容性的数字规则和治理体系以适应跨越一切边界、连接万物的数字技术，参与数字社会的各主体都有权有渠道表达其利益诉求，由数据流动所带来的价值创造在国家内部和国家之间也形成合理分配。

1. 数字社会的协作体系：数字技术搭建信任基础

技术驱动信任成为中立第三方驱动信任的有力补充。在农业社会，由于生产力不发达，人们活动半径较小，信任的基石是熟人关系。到了工业社会，跨地域的市场逐步形成，信任的基础是中立第三方（如政府）所维系的社会秩序。自区块链诞生以来，其去中心化分布式记账的特点使得技术驱动信任成为现实。而且这种技术驱动型信任超越了传统意义上民族国家的界限，大幅降低超边界、跨地域的信任成本。当然，这种技术驱动型信任并不会完全取代一般意义上的中立第三方驱动信任，而是作为第三方驱动信任作用半径之外领域的有益补充，或者二者相互融合形成新型信任体系并降低信任成本。这会大幅提升人类协作的广度和深度，帮助形成完全无边界、灵活多元的协作体系。

2. 数字社会的价值体系："创作者经济"成为主流

价值日益主观化，价值的共创、共享成为现实。随着数字经济的发展，人们的消费越来越注重体验，而不仅仅是物质实体。这一趋势将继续发展，人们对价值的评价将更加主观化，即从个人的体验和感受角度评价，而不是传统的考虑物质和生产成本。同时，被大平台主导的内容隔离和价值分配权利也将随着用户社区的建立和发展而更加民主化。

价值创造：共同创造价值，共同建设生态。当前，互联网巨头形成了多个生态圈，并且其对数据、内容和价值拥有垄断权。而且由于巨头只顾各自利益，恶意竞争流量而不是真正以用户为中心，不同生态之间实际上存在强大的隔阂界限，比如不同网站链接的跨平台分享受限[①]。而在数字社会，不同生态将形成一个统一、开放、共享的数字生态，用户的行为不再受生态隔离的约束，真正做到平台和用户共同创造价值。

价值流通与分配：价值流通无限制，价值分配民主化。由于数据和内容被平台垄断，当前内容的价值分配也由平台垄断，平台事实上占有原本属于广大创作者的价值。在数字社会，统一开放的数字生态使得不同生态圈的内容和价值流通无限制，将有更公平的价值分配体系，使得价值由不同类型的用户共享，并且分配规则也由用户共同决定。

---

① 宋嘉吉：《区块链——Web3.0时代：开放、隐私、共建》，国盛证券，2022年1月10日。

>> **去中心化交易平台 Uniswap 实践**

去中心化交易平台 Uniswap 提供了"价值共创共享"的例子。在传统的中心化金融世界（centralized finance，CeFi），一般的交易撮合方式是订单簿，手续费一部分由交易平台占有，一部分是税收。而在去中心化金融世界（decentralized finance，DeFi），比如 Uniswap 作为一个去中心化交易平台，其交易手续费（0.3%）大部分由流动性提供者（liquidity provider）共享（0.25%）而不是由平台垄断。从经济逻辑上看，任何一个交易发生都需要买方和卖方提供流动性，平台只是提供一般的撮合服务，原本就不应该获得大部分手续费。

虽然 Uniswap 的模式描绘了十分具有吸引力的前景和未来，但仍处于早期阶段，最终的落地形态尚不清晰。而且目前仍存在金融炒作风险、监管政策不明朗、大平台垄断根深蒂固等问题。

3. 数字社会的治理体系：致力于构建融合共生环境

数字世界已经成为独立于物理世界的第二空间，并且二者相互影响、融合共生。伴随着互联网、大数据、云计算、物联网、人工智能等一系列信息技术的迭代发展，以及相应的新业态的不断成熟，数字世界已经成长为区别于物理世界的崭新空间[①]。正如习近平总书记在第二届世界互联网大会上指出，"网络空间不是'法外之地'"，数字世界也需要治理。因此发轫于现实世界的社会治理体系必须变革以适应这一新变化。比如，互联网大 V 在某种情况下拥有"事实权力"，因为其拥有的号召力和传播力会催生一定行动影响力。再比如，信息的低成本制造和传播使得虚假信息泛滥，如何约束虚假信息的负外部性又不损害公民正常的言论表达显得尤为重要。

技术、规范、组织是数字治理体系的三个能力要素。治理体系框架建设应从技术、行为、组织三个层面系统推进，并同时加强技术、规范、组

---

① 鲍静、贾开：《数字治理体系和治理能力现代化研究：原则、框架与要素》，《政治学研究》2019 年第 3 期。

织能力建设。其中，技术能力聚焦提升不同主体利用数据资源、网络资源的能力，以更好促进数字社会的包容性发展。规范能力侧重引导、规范数字社会形态下的公民行为，以更好地促进其有序发展。组织能力着重协调不同治理主体的集体行动，提升数字社会形态下各种组织模式的灵活性与适应性。

第三章
数字社会的典型特征

今天，数字的"触角"已经深入到社会生活的方方面面，以新技术、新理念、新业态、新模式的方式给人类的生产生活带来广泛而深刻的影响。在数字技术的快速发展和基础设施的铺垫准备中，一个无所不连的虚拟现实世界正在加速形成，串联起以往割裂的万事万物，引导着人类拓展出数字时代的新生活。由于数字空间跨越了时空领域的限制，物理世界的资源配置方式随之呈现出崭新局面——有限的资源得到跨时间、跨空间的集聚和分配，供给和需求被更精准与高效地协调及匹配，跨界融通和创新在更广阔的空间中被鼓励与激发。与此同时，数据打破了土地、资本、劳动力等传统要素有限性供给的束缚，不断推动新知识发现、促进新价值创造、引导新能力提升，成为驱动社会高质量运行的不竭活力因子。在更广阔活跃空间、更自由目标选择、更丰富实现路径的新时代舞台背景下，数字社会的多元化和多样化被充分激发，个性化的选择被越来越多地"看见"、实现和满足——社会拓展出了去中心化的更大发展空间。

一、无所不连的虚拟现实世界

（一）无所不连的基础正在形成

1. 数字技术进步做出准备

每个时代都有属于那个特定时代的关键技术发展，数字时代的全面到来离不开数字技术的准备。人工智能赋予了机器交互学习的能力，贯通了人、机、物之间"沟通"的桥梁；大数据在海量信息中深度挖掘，激发了数据"活起来"的价值；云计算实现了计算资源的按需共享，保障了算力"大脑"的支撑水平；区块链发挥去中心化、难以篡改、可溯源的作用，塑造了数字时代的全新信任方式。不同领域的新一代信息技术在发挥各自核心技术价值的同时，彼此融合交叉、互促创新，共同为数字社会有机体的构成做好了"技术神经系统"的准备。

2. 数字"主干道"建设夯实根基

人类社会经济活动的互联互通高度依赖于历史当下的基础设施建设水平。正如传统时代中"要想富，先修路"所形象描述的道理，随着工业化运动的深度完成和数字化时代的全面到来，5G网络、千兆光网、工业互联网、物联网、人工智能、大数据中心等数字基础设施的建设，取代了"铁公基"等物理基础设施建设，成为社会经济发展的关键性支撑，为数字时代到来之时人与人、人与物、物与物之间达成全面互联状态建设了"数字主干道"，为实现虚拟世界和现实世界的无所不连和无限创新开篇布局。

3. 数字"支路"贯通点亮场景

通过深度应用人工智能、大数据、云计算、互联网等数字技术，融合性基础设施的建设实现了对交通、能源、医疗、教育等传统基础设施的数字化转型升级，使数字技术开始真正融入人类生产生活的方方面面。融合性基础设施是在宽阔的数字"主干道"建设之外所构建的四通八达的数字"支路"，通往着人们日常生活空间的各个丰富场景，使人们的基本生活要素和传统生活领域在数字时代迎来了数字化、网络化和智能化的崭新发展。

（二）数字化连接串联起世界万物

1. 万物开始"发声"

如果说数字时代到来的上半场，上网的主体是人，每个人都是个体网络空间的主人，那么随着数字技术的全面发展和新型基础设施的适度超前准备，在数字时代下半场，联网主体正在转向更广阔世界场景中的物。曾经在物理世界中一直"沉默"的物，由于与物联网、5G、人工智能、云计算、大数据等数字技术的深度融合，开始在数字时代诞生出强大而崭新的

"发声"能力，并伴随数字化进程的深入，进一步发展出与人、与其他物之间交互的能力、"学习"的能力、"合作"的能力、"思考"的能力。数字时代下，传统的物被数字化赋予了新的活力，数字化的物又在虚拟世界和现实世界中得到了新的连接。万物通过"发声"使世界呈现出崭新的画面。

2. 世界走向智联

数字时代下万物的感知被唤醒，千万亿的连接被激活。被唤醒的感知伴随数字技术的快速进步和不断深入，被激活的连接伴随数字基础设施的全面建设不断开阔。从感知的深度看，物的数字化感知由简单的、表层的单一感知转向复杂的、深入的系统性互动。从连接的广度看，物的数字化连接由离散的、局部的点状连接转向连续的、全面的网状互联。物理世界中的实体在虚拟世界中投射出自身的数字映像，每一个数字映像都如"孪生体"一样成为现实照进数字世界的光影。万物互联、万物万联、万物智联的数字时代新形态正在由点及面、由浅至深地被勾画形成，一个万物"发声"的智联世界正在构建，带给人们的生活、生产和思维方式以持续性、全局性、革命性的影响和重塑。

（三）数字化连接引领人类进入新空间

1. 数字化生活接入越加丰富

虽然人们对于网络世界的生活已不陌生，但今天数字时代的到来给人们的工作、学习、娱乐等传统生活方式带来的深远影响，早已远远超出曾经的想象。一方面，数字化生活的接入突破时间和空间的限制，为人们在现实世界之外搭建了虚拟生活的即时空间——网络购物平台创造了即时性的购物空间，办公、学习、社交软件和平台提供了即时性的交流空间。另一方面，时空阻碍的消失使人们在生产生活中互动的对象发生了变化——交往范围不再局限于日常生活中的熟人，基于微博、微信等软件的网络社交被广泛拓展；购物对象不再局限于活动半径内的商场摊铺，数字网络可触达的广大主体和个人均被包含；工作对象不再受限于场所的物理限制，跨地区、跨空间提供的服务与合作日益增多。数字社会中人的数字化生活已经无处不在，无时不在。

2. 数字化身份确认越加清晰

随着数字化网络生活在人们生活中的重要性不断提升，今天越来越多的经济社会活动脱离线下，或融合线下在虚拟世界中展开。这种越加频繁的虚拟和现实生活场景的打通，象征着人类生活向数字世界的迁徙，既改变着人们的具体生活习惯，也进一步带给人们以观念的深刻变化——即虚拟世界不是幻想中的存在，而是被拓展出的人类全新的真实生活空间；自我身份的认知不应仅仅局限于物理世界，数字世界中的角色、身份和定位也是重要的组成部分。伴随数字社会的不断进步和成熟，人们在网络空间中的数字身份将与物理世界中的现实身份逐步建立起统一连接，越来越清晰和明确的数字身份将成为人们在虚拟空间中畅行无阻的身份认证。

（四）虚拟现实的新世界在生成

1. 虚拟现实的边界逐渐模糊

今天，人们作为时代的见证者和参与者，发现自己正身处一个异常奇妙和深刻变革的时代。数字技术的持续演进和对现实世界、物理世界的不断渗透，使得人人之间、物物之间、人机之间的数字化连接不断被建立，万事万物之间互联互通的程度不断被提高，过去现实世界中所形成的或大或小的信息孤岛，正逐渐被数字化的桥梁拉近而形成虚拟世界中的数字大陆。全空域、全流程、全场景、全解析、全价值的泛在互联网络[①]不再只是

---

① 参见黄奇帆《数字上的中国》，中信出版社，2022。

出现在人们脑海中对未来世界的畅想，一个无所不连的虚拟现实世界正在快速和真实地形成。随着数字信息可获取性、全面性的不断提升，和数字网络连接及时性、互动性的不断增强，人们将难以找到未被数字技术影响和渗透的地方①，虚拟同现实的边界将逐渐模糊，两个世界将因充分而高度的连接，彼此间不断进行延伸、突破和融合。

2. 虚拟和现实构建完整世界

伴随科技的发展，人们曾不断探讨和想象数字技术对人类生活渗透的边界会在哪里。然而面向未来，在虚拟和现实空间共同组成的世界里长大的人，将更习惯于在两个空间中灵活地穿梭切换，他们将默认虚拟空间同物理空间一样，在描述着世界的真实内容和形状。在未来，一个割裂线上空间的世界对人们将无法想象，"虚拟＋现实"的组合才共同构建起真实而完整的世界应有的模样。与此同时，传统时代中被人为分割的物理世界，将在数字时代里由万物万联重新汇聚为一体，人们对世界的认知将更加系统、完整和准确②。人类对虚拟现实世界统一体的认识，将辅助和引导人类对物理世界进行改造，孕育和创造出一个未来畅想中的新世界。

二、跨越时空的资源配置方式

（一）社会资源服务体系跨时空共建

1. 社会资源跨时空汇集配置

数字技术的广泛应用和数字设备的日益普及，给数字社会中公共资源的汇集和配置方式带来了重大影响和改变。例如通过基础医疗设备数字化改造和数字化医疗服务平台建设，促进跨地区医疗资源共享、优化跨地区

---

① 数字原野工作室编《有数：普通人的数字生活纪实》，南方日报出版社，2022。
② 信息社会50人论坛：《数字化转型中的中国》，电子工业出版社，2019。

医疗资源配置；通过数字化教育基础设施改造升级和数字化教育公共服务平台建设，实现高质量教育资源跨地区流动，推进教育数据跨层级、跨部门有序贯通。数据信息传输和共享所实现的快速、便捷、远程和虚拟化，使得今天的教育、科技、文化、医疗卫生、社区服务和社会保障等社会公共服务资源，能以经济和高效的方式扩大共享范围、共享领域，提升共享程度、共享水平。数字社会中的优质社会资源服务正在惠及更广大的人群，社会的效率和公平得到了双向兼顾。

2. 多元主体跨时空参与建设

数字时代的全面到来调动起了多元主体参与社会资源服务体系建设的热情。今天，政府和市场主体已经充分意识到大数据、云计算、人工智能、物联网等新一代信息技术在社会资源服务领域应用中的作用和价值。随着对政策环境的加大鼓励、市场潜力的深入挖掘，和对社会责任的不断追求，掌握着大量行业数据、兼具市场灵活性、拥有高水平科技支撑实力的互联网平台企业、社会机构和其他市场主体，越来越多地进入到政府公共产品与服务供给不足、不强的领域，发挥自身优势，挖掘数字资源，丰富网络化服务供给，对社会资源服务体系的跨时空全面建设形成了多元化的有力支撑。

（二）产业组织分工协作跨时空运行

1. 产业分工转向网络化、平台化

过去20年，人们见证了网络和平台在激发、放大商贸流通活力中的巨大作用，但这只是预示着数字时代到来的"小荷才露尖尖角"的序幕，网络化、平台化的产业分工协作才是数字变革中更为浓重的篇章。随着今天数字技术的不断发展，和产业信息化、数字化的不断深入，产业链、供应链和价值链在网络和平台的搭建贯通下被分解为更多环节，并在更广阔的领域和空间中开展分工协作，虚拟产业园和产业集群等跨越物理边界的产业分工协作模式不断诞生，分工规模不断扩大，分工频率持续加快，分工体系加速重构。在数字时代的网络化、平台化产业分工下，区域比较优势得以充分发挥，产业规模效应得以加速形成，产业链、价值链得以完善和延伸，区域错位协同水平得以进一步提升。

2. 组织边界趋于模糊化、液态化

传统时代中的企业存在着清晰的内外部组织边界。然而，数字时代下的数据信息跨越了物理空间的限制，越来越多地对企业的生产经营活动起到驱动和牵引作用。各自为政的组织不再是企业生产运营中唯一的"指挥官"，组织边界不再是生产资料、生产力和技术创新力等重要资源要素流动协调的障碍。数字社会中的企业组织边界逐渐模糊，同时伴随不同阶段的生产和运营需求呈现出液态化的形态[①]，构建出网状交融、灵活开放的市场主体组织格局，全社会资源整合共享的效率被提高，组织协同运行的效能被升级。

3. 跨界协作迈入常态化、深入化

随着数字技术的持续进步和资源对物理时空限制的不断被跨越，今天的各领域间、各行业间、各企业间越来越多地迸发出跨界协作的灵感和火花。创新型的融合技术、经营理念、市场空间不断被激发和创造，新的利益共同体不断形成，商业新形态、业务新环节、产业新组织、价值新链条不断涌现。产业跨界协作在数字时代逐渐迈入常态化和深入化，这进一步推动了产业要素重构，并创造性地支撑了产业新机遇的探索和产业新赛道的开辟。

---

① 郭为：《数字化的力量》，机械工业出版社，2022。

（三）生产力要素供给跨时空共享

1. 生产资料供给涌现新方式

今天，无所不连的虚拟现实世界突破了传统物理世界对交互时空的限制，拉近了市场主体间资源和能力连接的距离。各市场主体借助数字化工具和平台，将过往的闲置资源面向社会开放并"按使用收费"，例如，企事业单位在满足自身运营需求的情况下共享闲置房屋，高校和科研机构在保障自身教学科研的前提下共享科研设施、仪器、检测能力，企业在确保正常生产运行的基础上共享生产制造设备等。这种通过"撮合"不同主体对生产资料、生产力的使用时间而形成的共享经济新模式，既帮助资源供给端实现了生产资料的盘活和复用，提升了资源利用效率，又帮助资源需求端实现了生产运营的快速灵活响应，降低了资源的使用成本。未来各类生产资料共享平台将不断涌现，共享形式将进一步迈向数字化、平台化、无人化，跨时间使用资源的成本将进一步降低，研发、制造、物流及人力资源将进一步整合。

2. 劳动力供给诞生新业态

随着数字技术对生产生活的不断渗透，就业新形态不断涌现，新个体经济、微经济、共享员工等新型劳动服务形式充分激发出市场的劳动力潜力和创造热情。不同于传统劳动力供给主要面向线下市场和局部市场，新个体经济、微经济等新型就业模式服务的对象，不再局限于街巷城镇等实体空间，而是拓展到更为广阔互联的线上市场。传统的"公司+雇员"旧模式逐渐转向"平台+个人"新模式，就业者开始拥有更多自主权和选择权。有闲暇时间的在岗人员和有自由时间的个人劳动者的劳动供给能力和价值被深度唤醒，劳动力碎片资源的按需配置水平不断上升，"新创业就业"和"新兼职副业"的模式不断丰富和拓展，"大众广泛参与，碎片资源共享"的劳动力供给生态已经形成。

三、数据驱动的社会运行方式

(一) 数据驱动经济活动高质量发展

1. 数据驱动生产和组织效率提高

随着互联网和新一代信息技术的发展,数据已成为与土地、劳动力和资本同等重要甚至更为关键的经济增长推动要素。数据要素改变了要素投入的种类和数量,以及组合方式。企业通过内部生产运营数据可以实现生产各环节的合理分工和网络化协作,从而日趋智能化地建立起更为高效的生产体系。一方面,企业通过用户行为数据分析,能够更充分地掌握消费者的特征、偏好和潜在需求,挖掘出更多新商机,创造出更多新产品,开拓出更广新市场;另一方面,数字化转型使企业管理架构更趋扁平化,企业各层级的信息传递更加及时准确,企业的内部治理和管理决策水平得到提升[1]。除此之外,数字经济催生了新的产业组织模式,从事数据收集和匹配的平台企业大量涌现。它们具备较强的网络外部性,具有固定成本较高、平均可变成本较小,边际成本趋于零的特点,能帮助加速资源要素的汇聚,加快实现规模经济,为企业获取利润创造条件,推动企业提升竞争力水平。

2. 数据驱动交易效率和资源配置效率提高

过去,在信息不对称的条件下,买卖双方为搜寻交易对象、议价和保障合同履行,需支付较高的交易成本。今天,平台企业大量涌现,其具备的数据优势有效降低了信息不对称问题,买卖个体能够通过线上平台实现点对点精准交易和资源流通共享,极大提高了资源利用效率。例如,对消费者而言,平台提供的在线评价、比较和反馈系统,为消费者选择物美价廉、需求匹配的商品节约了搜寻成本和谈判成本;对生产者而言,线上交

---

[1] 唐国华、李庭燎:《数字经济助推高质量发展》,《光明日报》2021年3月9日。

易成本的缩减使其可触及市场的范围得到扩大，企业能够在更广范围内开展分工协作，并根据需求变化迅速发现和调整产业链合作对象，资源配置效率不断得到提升。总体而言，数据信息要素价值的发掘，促进了市场资源加速流动，提升了行业领域竞争水平，推动了市场结构优化升级，提高了行业整体整合效率，最终能够提高经济增长质量①。

3. 数据驱动产业融合和创新效率提高

数字技术的研发和创新，是驱动经济高质量增长的核心要素，可以说，数字经济的出现和增长本身就是数字技术进步的结果。以发掘数据价值为聚焦的大数据、人工智能、云计算、物联网、网络信息安全等数字产业集群，借助产业协同和反馈效应，不断加深产业横向和纵向关联水平，数字技术创新模式迈向体系化创新新阶段，创新效率不断提高。同时，数字产业具有较高的渗透性、外溢性技术赋能水平，能够应用到数字产业外的人类生活、生产、分配、流通和消费等各环节，并开辟出新的发展空间。当前，数据驱动下的数字经济已从单纯的数字技术创新和数字产业集群发展，迈向数字经济与实体经济深度融合、消费互联网向产业互联网快速延伸。

（二）数据驱动社会治理现代化创新

1. 数据驱动治理法治化更加全面

治理法治化是第一防线。数字经济具有高创新性、强渗透性、广覆盖性等特点，在数字经济发展的过程中，如果说技术和创新是引擎，那么法律和制度可以称作磐石。在国家层面，从出台《互联网信息服务管理办法》《关键信息基础设施安全保护条例》，到制定《中华人民共和国电子商务法》《中华人民共和国数据安全法》，从印发《关于积极推进

---

① 唐国华、李庭燎：《数字经济助推高质量发展》，《光明日报》2021年3月9日。

"互联网＋"行动的指导意见》，到公布《关于平台经济领域的反垄断指南》，近年来一系列强有力的法规政策陆续落地，成效明显。良好的法律规范可以有效规范数字经济行为，降低系统性风险，而活跃的数字经济则为法律规范的不断完善提供丰富的实践经验和物质场景，从而形成良性循环，这是数字经济治理法治化的理论基础。

2. 数据驱动治理精细化更加科学

治理精细化是第一要求。在数字经济体系中，传统上分散、信息不对称的市场主体与消费者、产业链上游与下游等都可以利用数字技术连接在一起，这是生产力的飞跃，同时也是对治理能力的考验。数字经济参与主体中存在大量的中小企业、组织甚至是个人，需求和期盼千差万别，个体行为的不可预测性也明显增强，这就要求数字经济的治理必须是精细化的，能够最大限度地满足大量中小主体的个性化需求，治理标准能够涵盖其行为并获得正向反馈。

治理精细化需要政府强化数字化监管，依靠数字技术做好数字经济治理。[①] 政府要将新一代信息技术手段广泛运用于监管治理各环节，特别是必须掌握大数据的使用权、管理权、监督权，对互联网企业采集、加工与应用数据逐步纳入经济发展分析、预测、管理和社会服务范畴，不断提高治理的精准性和有效性。同时，要在现行政府数字服务的基础上，把打破信息孤岛和数据壁垒摆在更加重要的位置，实现政府高效运作与在线业务协同，让数字经济治理的成果由全民共享。

3. 数据驱动治理协作化更加高效

治理协作化是第一共识。社会各主体自觉是良法善治的最终目标，是

---

① 张兆利：《构建新型数字经济治理体系》，人民论坛网，http://www.rmlt.com.cn/2022/0113/637537.sht-ml，2022年1月13日。

数字经济治理的内在本质。发展数字经济，企业是主体；强化数字经济治理，政府应该主导。数字经济的协作化治理，需要在探索中形成政府主导、企业履责、社会监督等多元主体参与治理体系。政府要重视和加强与平台企业的协作治理，通过购买服务等多种方式，实现主动发现和技术取证功能。要建立以信用为基础的事中事后监管手段，尽快搭建数字信用体系，鼓励企业自觉参与治理、自觉接受监管。要探索符合数字产品、服务、技术进出口特点的监管制度，强化依据标准监管，强化市场竞争行为监管，严厉查处滥用市场支配地位和不正当竞争行为，提高数字要素市场化配置效率，依靠科学合理的监管实现优胜劣汰。

四、社会去中心化与新人本主义发展

（一）数字社会实现了生产和创造的去中心化

1. 数据资源产出呈现去中心化

数据资源作为数字经济时代的生产资料，其产出明显呈现去中心化的特征。与传统生产资料的提供受资源的物理时空限制较多，而在空间和时间上相对集中的情况不同，数字时代的数据资源跨越了时空的限制，每台机器、每个物体、每个人都能够成为去中心化的数据供给网络中的一个节点，海量的数据和信息得以在跨空间、跨时间的数字世界中不间断地生成。

2. 企业生产经营实现去中心化

随着个性化定制生产和个性化服务时代的到来，传统时代中单一的规模化、中心化生产服务模式在今天已经不能满足人们日益丰富的个性化、多样化需求。一方面，数字空间和平台汇聚了散落在物理空间中的小众需求而创造出巨大市场空间，激发了企业去中心化生产经营的热情；另一方面，越加柔性的生产和供给方式使企业内外部可以灵活组织、快速感知、敏捷应对，赋予了企业去中心化生产经营的能力。企业不再一味追求对市场大而全的粗放性满足，而开始把目光越来越多地转向了对用户需求的精准把握，生产经营的去中心化特征在数字时代日益凸显。

3. 个人工作创造趋向去中心化

无所不连的虚拟现实世界为人们的生产创造活动提供了广阔的施展空间。今天，作为数字网络时代的参与者，每个人都可以成为去中心化网络中一个创造、生产和收获的节点。越来越多的个体在通过社交平台、自媒体平台、创客平台等线上渠道，积极探索多点就业、自主就业、微经济等新就业形态的创新，"互联网营销师""在线学习服务师"等数字时代新职业不断涌现。数字社会中的广大劳动者个体正在充分发挥自身的创造性和积极性，以个性化的观察和聚焦，活跃着市场产品和服务的供给，拓展着数字社会的职业版图，收获着更丰富和更高质量的工作价值[①]。

（二）数字社会激发了生活和需求的去中心化

1. 消费需求被去中心化生成

在数字时代下，消费时空的阻碍被跨越，消费场景和供给的丰富度被提升，收入、理念、兴趣等个人因素在更大的选择空间中，得以更直接地给人的消费需求和行为带来影响和改变。高收入人群以体验、品牌优先，关注产品和服务全生命周期状态；下沉市场人群看重实用和效率，关注产品性能作用；年轻群体追求个性化和当下感受，注重实时消费和新型消费场景内容；年长群体存在路径依赖，关注产品和服务的便捷化体验。数字社会中消费者的消费需求和行为，从过去的计划性、集中性、单一性状态，转向了全时、全域、动态、可探索、可触发的更为分化更具活力的形态。

---

① 钟于：《让数字技术更好造福社会》，《人民日报》2022年6月29日。

2. 媒介信息被去中心化获取

5G 技术推动了"万物皆媒体"的智慧全媒体时代的到来。人们获取信息的途径由过去的集中于权威媒体和机构媒体，更多地转向了互联网空间的广阔平台。每个人既是平台内容的获取者，也是平台内容的提供者，无时无刻不进行着共同参与、共同创作、共同表达和共同分享。同时，传统宣传方式与大数据、人工智能、5G 等数字技术的结合，也为主流媒体在更广阔时空中实现信息共享，以更多元的方式和渠道对广泛可互动受众实现信息送达提供了手段和路径①。数字社会中的媒介信息在传统媒体、新媒体、融媒体的不断发展下，变得无处不在、无所不及、无人不用。一个全程媒体、全息媒体、全员媒体、全效媒体的全媒体时代正在全面发展到来②。

3. 社交关系被去中心化重塑

在过去，人们的社会人际关系主要来自现实世界，局限在由亲属、朋友、同事、客户等基于生活、学习、工作线下联系为中心构建的范围。但在今天，虚拟世界的网络平台带来了社交关系的日益开阔和扁平化。人们可以借助网络空间，以兴趣、观念、审美等为纽带，方便地联系和结交天南海北的朋友，跨越区域空间限制找到志同道合的群体，衍生出陌生人社交、兴趣社交等新型社群。原有高度依赖线下人际关系而形成的小范围社交网络，扩展为依赖兴趣、话题、专业、利益等个性化、差异化内容而形成的广泛数字社交网络③。传统社交关系的现实性、具体性、局域性被网络空间的虚拟性、延展性、全域性重新塑造。

---

① 胡正荣、王润钰：《我国主流媒体智慧全媒体建设的目标和路径》，《行政管理改革》2019 年第 7 期。
② 习近平：《加快推动媒体融合发展　构建全媒体传播格局》，《求是》2019 年第 6 期。
③ 王敏、胡钰：《"价值镜"：理解数字身份之间的社会交往》，《青年记者》2022 年第 2 期。

（三）数字社会引导了个体认知的去中心化

1. 个体的线性思维禁锢逐渐被破除

在由网络空间和现实空间共同构建的世界中，今天的人们获得了前所未有的海量信息和丰富资源。人们畅行在种类多样、形态多元、跨越时空的虚拟平台之上，收集和吸纳着来自不同地区的不同人群所分享的信息、经验、知识和感受，突破了现实生活空间和自身角色的限制，丰富着对跨行业、跨群体、跨地区文化的理解，发展着更为发散也更加注重事物间内在联系的思考方式。多维世界不同的"看见"，帮助数字社会中的人们打破线性思维模式的禁锢，拥有了观察世界、认识世界、融入世界的更为开阔和多元的视角。

2. 个体的自我认知角度日益丰富

随着数字时代的纵深发展，虚拟世界与现实世界共同组建了完整世界的模样。数字社会中的人不再被传统时代中唯一或者非常有限的标签定义，而是有机会通过虚拟现实世界的紧密融合，将自身的兴趣爱好和选择，在线上线下互动的空间中得到真实的发挥和实践。"我们塑造了工具，此后工具又塑造了我们"[1]，数字技术的进步在变革升级人类生产生活水平之外，也在重塑和延伸着个人的认知、角色和特征[2]。那些有着多种自我角色定位和自我诠释角度的"斜杠青年"，在数字时代得到了比以往任何时期更大的发展空间和更多的发展可能。一个又一个认知被丰富、能力被拓展的个体汇聚在一起，加快了社会整体的多元化发展进程。

（四）数字社会迎来了新人本主义的发展

1. 以人为本的数字生态被构造

数字社会的建设是具有探索性、开创性的复杂过程，出发点和落脚点

---

[1] 马歇尔·麦克卢汉：《理解媒介：论人的延伸》，何道宽译，商务印书馆，2000。
[2] 龚向和：《人的"数字属性"及其法律保障》，《华东政法大学学报》2021年第24期。

是数字时代新发展格局下以人为本的高质量发展,是人在社会数字化转型过程中得到的幸福感、获得感、安全感、参与感、认同感[①]。要优化数字环境、促进科技向善,实现高质量发展和数字惠民,必须要尊重人的主体地位、发挥人的首创精神、依靠人的改革动力、促进人的全面发展。要以人为本构建数字生态,才能让亿万个体共享数字社会发展的总体成果,满足民生领域的共同需求,实现社会人群的总体利益,使数字让社会生活更美好的根本诉求得到实现。

2. 以人为本的环境生态被营造

在传统认知里,人与自然的关系是利用自然、征服自然、改造自然,并以其能力和程度作为衡量生产力水平高低的象征。而数字时代的到来使数据成为重要生产要素,使高新科技实力成为发展的重要驱动力,使数字化转型升级成为"改造"自然的着力点。这给了人们在和自然环境和谐共处的前提下,探索高质量新发展道路的机遇。人们不再以对自然资源的短期功利化、消耗性索取来换取生产生活水平的提高,而是以促进经济社会全面数字化转型来探寻自然新规律、激发自然新潜力、获得发展新能力。营造出以人为本的数字社会发展绿色环境生态,也就找到了那条"绿水青山就是金山银山"的人与自然和谐共生的可持续发展道路。

---

① 数字原野工作室编《有数:普通人的数字生活纪实》,南方日报出版社,2022。

第四章
数字社会的发展趋势

一、智慧城市成为城市建设新标准

（一）城市大脑

1. 城市数据将实现深度融合共享

当前，智慧城市的建设以政府主导、企业参与的形式为主，现有数据共享平台中政务数据存在与社会数据对接机制缺失、对接范围不广、对接数据不足、对接应用不深的问题。习近平总书记在十九届中共中央政治局第二次集体学习会议上指出，要加快公共服务领域数据集中和共享，推进同企业积累的社会数据进行平台对接。未来，政企数据融合将加快融合共享，城市大脑将对人、地、事、物、组织等要素进行数字化全覆盖，构建出城市运行"生命体征"指标体系，数据在城市运行与管理中发挥的作用将更加显著。城市级大规模多源异构数据资源的汇聚与融合将成为各地建设城市大脑的基础任务，跨部门、跨领域、跨层级的业务数据、城市物联感知终端数据、城市视频监控等数据之间的共享与交换将更加方便快捷，数据的融合共享将为挖掘和洞悉城市多领域数据背后的内在规律、推演预测城市发展走向提供重要支撑。

2. 智能化水平将从感知走向认知

随着大数据、人工智能、物联网、5G等技术对城市大脑支撑能力的增强，城市数据资源将不断积累、需求将不断改变、场景将更趋复杂。技术的创新发展是城市大脑进行自优化、自学习、自演进的基础动力，而应用的智能化是城市大脑迭代升级的基础资源。基于创新技术的智能应用，会逐步集成到城市各项应用场景中，使场景更智慧、运行更智能、管理更高效。在服务城市治理的同时，智能应用也将会产生海量的信息数据，成为城市的无形资产，通过探索海量数据背后的价值，将不断推动城市大脑算法模型的快速更新、快速发布和快速上线服务，不断调度组合城市资源，形成新的城市服务能力，满足不断变化的用户需求，进一步贴合城市未来发展和城市管理治理趋势，城市大脑将更加具备提供差异化精准服务的能力，包括动态掌握当前道路运行情况、助力精准抗疫等。[1]

3. 业务应用场景将不断迭代演进

随着城市大脑应用领域的不断拓展，以城市发展的问题和需求为牵引，城市大脑的应用场景也将呈现多元化发展趋势。目前的城市大脑功能主要是交通和综合治理，未来各行各业可能都会被纳入城市大脑里面去，比如环境、安监、规划、旅游、水电和农林等。在城市规划方面，城市大脑可以充分挖掘城市地理、水文、气象等自然信息和经济、社会、科技、文化、人口等其他人文社会信息，为城市规划提供具备前瞻性和科学性的决策支持。在经济发展方面，城市大脑将通过已经建成的基础数据分析平台，为区域产业集群和产业活力分析画像，协助政府部门更加直观地了解和掌握区域内产业的活跃现状与活力变化趋势，挖掘活跃度高的行业并分析成因，为产业升级的后续决策提供参考和依据。在旅游产业方面，城市大脑将为本地旅游业提供精准营销、旅游管理、旅游产品及服务等方面的数据支撑，不断推动旅游业态改革和旅游产品创新。

（二）数字城管

1. 三级城市运行管理服务平台将实现互联互通

2021年12月，住房和城乡建设部正式发布《城市运行管理服务平台技术标准》，要求打通国家、省、市三级体系。未来，城市运行管理服务平

---

[1] 全国信标委智慧城市标准工作组：《城市大脑发展白皮书（2022版）》，2022。

台建设将逐步打通从国家到基层城市管理的数据壁垒和业务壁垒，建立上下贯通的业务指导、事件流转和信息反馈机制。国家平台和省级平台将立足监督考核职责，主要建设业务指导、监督检查、监测分析、综合评价、决策建议、数据交换、数据汇聚、应用维护等系统。市级平台则将立足于业务工作，主要建设业务指导、指挥协调、行业应用、公众服务、运行监测、综合评价、决策建议、数据交换、数据汇聚、应用维护等系统。未来，三级城市运行管理服务平台将实现互联互通、数据同步和业务协同，不断推动城市管理手段、管理模式和管理理念创新，助力提升城市治理体系和治理能力现代化水平。

2. 数字技术将全面提升城市管理的质量和效率

城市管理关联规划、建设、环保、交通、市政、环卫等方面，涉及城市部件多，事件管理复杂，传统人工巡检、人工采集、人工反馈信息的模式已无法支撑现代化城管需要，数字化城管将致力于利用数字技术真正实现为基层减负，依托人工智能、大数据、云计算等技术提高城管辅助决策水平在数字城管规划中所占的比重将越来越高。人工智能技术与视频监控等硬件设备相结合，能够对城市运行管理中存在的问题进行精准定位，通过自动排查违法建筑、智能分析违章停车等方式，大幅提高城管执法效能。运用大数据技术建立的城市管理公用设施辅助规划模型、危险源安全预警模型和效能评估模型，能够挖掘城市运行内在规律和特征，为城市运行管理提供数据科学决策支持，赋能源头治理。

3. 数字城管的管理范围将向更广泛的领域拓展

数字城管建设已经历经了数字化城市管理试点阶段和数字化城市管理标准规范阶段，目前正处于数字化城市管理应用拓展阶段，随着大数据、人工智能、数字孪生等数字技术的不断成熟，数字城管应用功能还将不断完善。就狭义城市管理而言，数字城管的管理范围正在由市中心区向远郊区，由地上向地下，由较基础的市政设施和市容秩序向更能体现人本理念的执法、环卫、园林等专项管理方向拓展。就广义的城市管理而言，数字城管的管理范围正在向公共事业、社会综合治理、社会救助、流动人口和出租房屋管理、公共安全监管、城市环境在线监测、基层党建等"大城管"领域延伸。

（三）数字社区

1. 社区综合信息平台集约化程度将提升

未来数字社区的建设将充分依托已有平台，因地制宜地推进智慧社区综合信息平台建设，部署在不同层级、不同部门的各类社区信息系统将与智慧社区综合信息平台联网进行对接或向其迁移集成。政务服务审批受理权限将依法向社区下放，社区政务服务事项网上受理、办理数量和种类将逐步扩大，政务事项查询、办理和反馈功能将得到拓展。电子政务服务流程将逐步完善，实行"前台一口受理、后台分工协同"的运行模式，推动跨部门业务协同、信息实时共享。大幅优化精简部署在社区的业务应用系统，整合功能相对单一、相近或重复的办公类、管理类、学习类等 App，对"指尖上的形式主义"进行整治。智慧社区综合信息平台将与城市运行管理服务平台、智慧物业管理服务平台及智能家庭终端互联互通和融合应用，提供一体化管理和服务。

2. 便民惠民智慧生活服务圈将不断拓展

未来社区管理将依托智慧社区综合信息平台，创新政务服务、公共服务提供方式，推动就业、健康、卫生、医疗、救助、养老、助残、托育、未成年人保护等服务"指尖办""网上办""就近办"。平台上将整合汇聚社区周边的商超、物业、维修、家政、养老、餐饮、零售、美容美发、体育等生活性服务业资源，与社区周边商户构建连接，便民惠民智慧生活服务圈将逐步拓展。智慧社区将推动社区购物消费、居家生活、公共文化生活、休闲娱乐、交通出行等各类生活场景数字化，支持智慧家庭、智能体育场地等建设，打造多端互联、多方互动、智慧共享的数字社区生活，提升社区居民生活幸福感。智慧社区将提供数字技能教育培训服务，帮助未成年人、老年人和残疾人共享智慧生活，不断弥合数字鸿沟。

3. 社区基础设施智慧化改造进程将提速

城乡社区综合服务设施将进行大规模智慧化改造，加快部署政务通用自助服务一体机，不断完善社区政务、便利店、智能快递柜等自助便民服务网络布局。社区公共安全视频监控点位将增加，强化社会治安防控，提升社区居民生活安全感。适老化和无障碍服务普及速度将加快，充分考虑未成年人、老年人、残疾人等群体的基本需求和使用习惯，加强社区信息交流无障碍建设。社区智慧电网、水网、气网和热网布局将优化，小区智能感知设施建设将逐步推进，智能感知设施和技术在安全管理、群防群治、机动车（自行车）管理、生活垃圾处理等领域应用的作用将凸显。

二、数字乡村建设创新农村发展面貌

（一）数字新农村

1. 基础数据资源体系逐步构建完善

在农业自然资源大数据方面，耕地基本信息数据库与渔业水域资源大数据资源将不断加速集聚。在重要农业种质资源大数据方面，将依托全国统一的国家种业大数据平台，构建农业种质资源数据库，绘制农业种质资源分布底图，进一步推进种质资源的数字化动态监测、信息化监督管理。在农村集体资产大数据方面，逐渐建立完善集体资产登记、保管、使用、处置等管理电子台账,加快推进农村集体资产清产核资信息数字化进程。在农村宅基地大数据方面,逐渐完善构建涵盖宅基地单元、空间分布、面积、权属、限制及利用状况的全国农村宅基地数据库。在农户和新型农业经营主体大数据方面,将逐步实现农业经营主体全覆盖,生产经营信息动态监测。

2. 农业生产经营数字化改造进程加快

在种植业信息化方面,数字农情、数字田园将加快发展,种植业生产管理信息化水平及生产经营智能管理水平将不断提升。在畜牧业智能化方面,数字养殖牧场建设不断推进,设备智能化改造进程加快,将逐步实现畜禽养殖环境智能监控和精准饲喂。在渔业智慧化方面,数字渔场将逐步形成,水体环境实时监控、循环水装备控制、无人机巡航等数字技术装备不断普及应用。在种业数字化方面,数字技术会加快在制种基地、种畜禽场区、水产苗种场区、交易市场监管中的应用。在质量安全管控全程化方面,农产品生产标准化将不断推进构建。

3. 农村管理服务数字化转型逐步深化

"十四五"期间,农业农村大数据平台将会加速构建,农业农村资源管理、舆情分析、乡村治理等决策支持服务数字化水平将加速提升,为农业农村管理提供知识库、模型库。信息进村入户工程、益农信息社、农村社区网上服务不断建设及落实。数字农业农村服务体系逐步建立健全,社会服务管理不断完善。农村人居环境数据库不断完善建立,农村人居环境智能监测体系将逐步升级,农民积极参与农村人居环境网络监督的意识会逐步提高。乡村数字治理体系将不断完善,村级综合服务信息化水平逐步提高,实现信息发布、民情收集、议事协商、公共服务等村级事务网上运行。[1]

---

[1] 农业农村部、中央网络安全和信息化委员会办公室:《数字农业农村发展规划(2019—2025年)》,2020。

(二) 数字扶贫

1. 数字技术成为驱动乡村振兴的内在动力

以 5G、物联网、人工智能、云计算、工业互联网、大数据等为代表的数字技术正在汹涌而起，数字技术正在以前所未有的广度与深度向农业农村渗透，加速乡村振兴步伐。"互联网+农业农村"在助农兴农中的作用日益显著，缓解了农产品的滞销、带动了乡村创新创业、促进了乡村产业转型，推动农业从"标准化、规模化、单一化"向"定制化、精细化、价值化"的方向升级。随着国家乡村振兴战略的不断出台，新技术不断向农业领域倾斜，围绕农产品生产加工销售的企业数量增长迅速，农产品销量将精准提高、农民收入将会显著增加，数字技术成为驱动乡村振兴的内在动力，推动农村经济发展。

2. 数字技术成为扶贫成效监测巩固的重要手段

随着脱贫攻坚战的全面胜利，跟踪脱贫人员的后续发展情况成为重点工作，利用大数据、人工智能等数字技术精准监测脱贫人员，巩固脱贫成果，防止脱贫后返贫。智能化基础设施的全面建设，人工智能、云计算、大数据分析等技术的深度运用，将会使得数据信息全面深入挖掘并实时更新，信息重复录入、耗费大量人工等问题逐步得到解决，为巩固拓展脱贫攻坚成果提供技术支撑。充分释放大数据对巩固脱贫攻坚成果的积极作用，引导地方政府以省级行政区为单位建立脱贫攻坚成果巩固的大数据库，利用信息化手段采取合理手段进行帮扶，推动医疗救助、义务教育、民生保障等与巩固脱贫攻坚成果相关的信息资源高效共享。

3. 乡村振兴数字化服务化体系逐步健全

农业大数据的深度运用，为农民深入挖掘和精准把握市场动态提供便捷、高效的信息服务，促使线上线下农业融合发展，农业生产经营有效推进。随着农产品网上销售、农村电子商务的大力发展，农产品溯源体系与征信系统对接工作不断强化，为实现农产品生产可记录、安全可预警、源头可追溯、流向可跟踪提供保障。"农业生产经营信息服务平台"的建立，使得农产品市场化经营中供需两端信息不对称的问题得到切实解决，物流成本将会逐步降低，帮助农民扩大收入，提高生活水平。农村数字产品和服务供给将会不断创新，金融机构将会加大对农业农村的扶持力度，有关法律法规将会不断完善，有利于新兴业态发展的监管方式也将不断健全，为探索融合数字乡村服务新业态模式，打造数字服务体系新亮点提供支撑。

（三）数字普遍服务

1. 远程供给不断加快，乡村服务领域持续拓宽

电信普惠服务试点工作将不断开展，围绕教育、医疗、社保、帮扶等重点服务内容，加快乡村社会服务的远程供给水平和覆盖水平，助力乡村基本公共服务均等化。乡村信息无障碍建设将不断加强，提升面向特殊群体的数字化社会服务能力，让更多村民享受数字化带来的便利。智慧教育、数字健康服务、智慧文旅、智慧社区、社会保障服务等数字化服务领域持续深入乡村发展，社会服务和数字平台将深度融合，探索鼓励多领域跨界合作，激发村民社会参与活力。

2. 乡村资源配置持续优化，服务数据加速互联互通

加快推动乡村文化教育、医疗健康、会展旅游、体育健身等领域公共服务资源数字化供给和网络化服务，促进优质资源共享复用。新型数字技术将不断运用于乡村就业、养老、儿童福利、托育、家政等民生领域，供需对接进一步加强，乡村资源配置进一步优化。乡村公共服务数据加速互联互通，村民档案专题数据标准体系将不断探索建立。随着数字政府建设持续推进，将强化乡村教育、医疗卫生、社会保障、社会服务等重点领域

数据信息交换共享,加快实现民生保障事项"一地受理、一次办理"。乡镇政府及公共服务机构数据开放共享规则将建立健全,在加强公共服务数据安全保障和隐私保护的前提下,推动乡镇医疗卫生、养老等公共服务领域和政府部门数据有序开放。

3. 新技术不断赋能普惠应用,乡镇公共服务数字化水平提升

大数据、云计算、人工智能、物联网、区块链等新技术促进乡镇公共服务更加智能、更加便捷、更加优质。人工智能在乡镇公共服务领域持续推广应用,鼓励支持乡村数字创意、智慧就业、智慧医疗、智慧住房公积金、智慧法律服务、智慧旅游、智慧文化、智慧广电、智能体育、智慧养老等新业态新模式发展。互联网产业将与乡村公共服务深度融合发展,将大力培育跨行业、跨领域综合性平台和行业垂直平台,促进"互联网+乡村公共服务"发展,推动线上线下融合互动,支持高水平公共服务机构对接乡村地区。加大探索"区块链+"在乡村公共服务领域的运用,加速服务乡村振兴战略实施。农民数字素养与技能将加速提升,乡村振兴内生动力增强。数字资源的持续使用意愿和能力逐步加强,推动数字服务和培训向农村地区延伸。

三、数字公共服务带给人民诸多便利

(一)数字医疗

1. 健康医疗数据治理将不断强化

国家将不断促进和规范健康医疗大数据应用发展,加强健康医疗海量数据存储清洗、分析挖掘、安全隐私保护等关键技术攻关,加快构建健康医疗大数据产业链,促进健康医疗业务与大数据技术深度融合。各类医疗卫生机构将推进健康医疗大数据采集、存储,加强应用支撑和运维技术保

障,打通数据资源共享通道。医疗企业将探索推进可穿戴设备、智能健康电子产品、健康医疗移动应用等产生的数据资源规范接入人口健康信息平台。全国健康医疗数据资源目录体系将不断建立,分类、分级、分域健康医疗大数据开放应用政策规范将完善制定,稳步推动健康医疗大数据开放。[①]

2. 数字医疗服务支付模式将逐步创新

探索建立数字医疗分类付费模式,逐步解决数字医疗应用中的费用分担问题。对提供新疗法、新功能,有明确受益方的数字医疗为主的模式创新,探索以最终服务使用者付费为主,在开发主体和实施机构间建立合理的利益分成机制。对以提升医疗机构服务效率为主的模式创新,主要由使用机构进行付费。此外,不断推进公共医疗保险支付方式改革,公共医疗保险的支付将从按服务类型的支付转变为更多样化的支付方式,并覆盖更多的线上医疗服务。继续改善开发创新型商业健康保险产品,如将公共医疗保险与商业健康保险整合的商业健康保险产品。公共医疗保险体系将大幅改善、保险产品形态将持续丰富,逐步提升服务能力并提高商业健康保险的渗透率。

3. 数字医疗将不断强化标准建立、规则制定和行为监管

在《中华人民共和国个人信息保护法》《中华人民共和国网络安全法》《中华人民共和国数据安全法》等要求的基础上,将开展对医疗数据当前类别及使用现状的专题研究,不断出台包括划分医疗数据分类、使用主体、使用方式、使用准则等在内的可操作性的实施细则和监管办法,逐步严格治理医疗数据使用中的乱象。在围绕信息输入、储存、使用等环节技术设置方面,将不断出台操作指南,建立行业基础标准信息体系,对现有数据

---

① 国务院办公厅:《关于促进和规范健康医疗大数据应用发展的指导意见》,2016。

逐步实施标准化转化。在新技术研发环节，将加大对现有数据进行转化，对既有系统统一建立和未来信息系统的对接接口。此外，针对互联网药械销售流通、在线问诊、互联网诊疗行为将建立更加清晰的操作标准和行为准则，以及建立常态化随机抽查机制，提升各项操作的合规性。

（二）数字教育

1. 教育新型基础设施建设不断完善，高质量教育支持体系加快构建

以建设教育专网和升级校园网络为主的信息网络新型基础设施将加速构建完善，促进全国各级各类学校和教育机构间的教育网络连接畅通，提升学校网络质量，提供高速、便捷、绿色、安全的网络服务。各级各类教育平台将融合发展，互联互通、应用齐备、协同服务的"互联网+教育"大平台构建进程加快。以智慧教学、智慧科研、智慧公共设施为主的智慧校园新型基础设施将进行升级建设，促进学校物理空间与网络空间一体化建设形成。依托"互联网+教育"大平台，创新教学、评价、研训和管理等应用，将促进信息技术与教育教学深度融合。可信安全新型基础设施建设将有效感知网络安全威胁，过滤网络不良信息，提升信息化供应链水平，强化在线教育监管，保障广大师生的切身利益，为高质量教育提供支持。

2. "智慧教育示范区"建设进程不断加快，在线教育支撑服务能力不断提升

"智慧教育示范区"创建工作将作为"十四五"期间落实教育信息化2.0工作的长期抓手。"智慧教育示范区"的评估方案将不断优化，以指导创建区域科学推进建设工作。"智慧教育示范区"系列白皮书将撰写出台，以加强试点区域的示范和辐射作用，使"智慧教育示范区"建设达到更高质量、更高水平，在线教育支撑服务能力也将不断提升。在信息素养方面，将以课程和实践为核心建构师生信息素养全面提升的途径和机制；在深度

融合方面,将探索新型教学模式以推动信息技术与教育教学实践的深度融合;在精准评测方面,将依托学习过程数据提高学生综合素质评价的精准性;在教学服务方面,将构建数据互联融通的个性化教学支持服务环境;在资源供给方面,将采用协同创新机制提升区域教育资源供给服务能力。在治理水平方面,将利用人工智能和大数据等新技术提升现代教育治理能力。

3. 数字教育资源共建共享机制将不断创新优化,教育资源加速优化配置

数字教育资源建设与共享的基本标准、教育资源评价与审查制度将完善制定,政府将资助引领性资源的开发和应用推广,购买基础性优质数字教育资源,提供公益性服务。企业和其他社会力量将不断投入数字教育资源建设,提供个性化服务,逐步形成人人参与建设、不断推陈出新的优质数字教育资源共建共享局面。基于互联网的教育服务模式将不断优化数字教育资源共建共享机制、完善利益分配和知识保护机制、搭建优质教育资源公共服务平台,逐步缩小数字教育鸿沟和差距。利用市场机制优化配置教育资源的新机制将被探索,有利于整合线上线下资源,创新服务供给模式,为终身学习提供丰富的教育资源公共服务。

(三)数字养老

1. 数字养老服务将实现规范化和标准化发展

"十四五"期间,居家养老、健康管理等智慧健康养老服务基本普及,智慧健康养老产业发展环境不断完善,覆盖基础通用、数据、产品、管理、服务、检测计量等方面的智慧健康养老标准体系将加速构建。指导和支持标准组织、行业协会等研制行业急需标准,协同推进智能产品、信息系统平台、养老服务和健康服务标准的制定,推动信息系统平台互联互通,促进终端产品的集成应用,鼓励开展优秀标准应用示范。智慧健康养老标准

及检测公共服务平台加快搭建,支持第三方机构面向智能产品研究制定测试规范和评价方法,开展检验检测及适老化认证服务,智慧健康养老服务质量效率将显著提升。

2. 数字养老产品将不断涌现新模式、新业态

学科交叉融合发展与技术集成创新,将丰富智慧健康养老产品种类,提升健康养老产品的智慧化水平。未来将会重点发展具备血压、血糖、血氧、体重、体脂、心电、骨密度等检测监测功能的可穿戴设备、健康监测设备以及具有趋势分析、智能预警等功能的健康管理类产品。康复训练型、功能代偿型等康复辅助器具类产品的设计与研发持续发展。智能护理床、智能床垫、离床报警器、睡眠监测仪等具有行为监护、安全看护等功能的养老监护类产品将不断涌现。具有健康状态辨识、中医诊断治疗功能的中医数字化智能产品将进一步深入发展。具有情感陪护、娱乐休闲、家居作业等功能的智能服务型机器人也将成为发展重点。

3. 数字养老应用试点示范拓展养老场景

智慧健康养老应用试点示范的开展将促进人工智能、物联网、云计算、大数据等新一代信息技术和智能硬件等产品在养老服务领域深度应用。未来将重点面向家庭智慧养老床位、智慧助老餐厅、智慧养老院,打造智慧化解决方案,创新"互联网+养老""时间银行"互助养老、老年人能力评估等智慧养老服务。未来养老服务种类不断丰富,养老服务质量不断优化,养老服务效率不断提升。

(四)数字交通

1. 综合交通运输数据大脑将加速打造

部、省两级综合交通运输信息平台架构建设加强数据资源的整合共享、综合开发和智能应用,打造综合交通运输数据大脑。国家综合交通运输信

息平台建设深入推进，统筹集约建设平台基础架构、数据资源和网络安全体系，推动各业务应用系统共建共用、智能协同和迭代完善，切实增强综合交通运行动态掌控和突发事件应急指挥能力。各地交通运输主管部门综合交通运输信息平台与国家综合交通运输信息平台将不断实现互联互通，构建全国一体化协同综合交通运输信息平台。交通运输大数据治理逐步加强，不断实现全生命周期的数据质量管控。

2. 交通新型融合基础设施网络将不断构建

新技术与交通基础设施融合发展推进交通新基建，赋能传统交通基础设施建设，推动交通基础设施数字转型、智能升级，提升基础设施安全保障能力和运行效率。在智能铁路方面，将推动高速铁路智能化升级改造，推进下一代列控系统、智能行车调度指挥系统应用。在智慧公路方面，将完善公路感知网络，推进公路基础设施全要素全周期数字化，发展车路协同和自动驾驶，推动重点路段开展恶劣天气行车诱导，缓解交通拥堵、提升运行效率。在智慧航道方面，将完善航道测量设施和监测感知网络，推动电子航道图普及应用，提升航道安全畅通保障水平和通航枢纽通过效率。在智慧民航方面，将建设智慧机场、智慧空管，加快管控、服务模式变革，实现智慧运行、智慧服务和智慧管理。

3. 数字交通创新发展体系将持续培育

数字交通标准规范将不断完善，交通运输新型基础设施工程建设标准将加快研究制定，推进行业新一代信息技术应用标准制修订。交通运输标准国际交流与合作渠道不断畅通，推进交通运输相关领域信息化标准互联互通。标准化信息服务平台不断完善，推动行业信息技术应用创新，推动一批自动驾驶、智能航运测试和先导应用试点工程建设，推进区块链在交通运输电子单证、危险品全链条监管、全程物流可视化等领域的创新应用。

数字交通科研平台布局持续完善，数字交通相关重点实验室、研发中心布局完善，推动一批相关科研平台纳入国家科技创新体系，加快数字交通相关科研基础设施、大型仪器设备、科学数据等科技资源开放共享。

（五）数字环保

1. 数字环保新产品、新技术不断涌现

随着国家对新型环保设备的投入，数字环保将引领我国环保领域继续刷新市场份额，不断促进我国生态环境治理发挥实效。先进环保技术产业链与大数据智能化信息技术相结合，将推动传统环保行业不断向数字化环保整合，研发更加适应市场形式的新产品、新技术。数字环保为传统环保产业带来了新的运营模式与治理时段，为环保创业注入新的活力。在这种数据化、智能化、多元化的环保新形态下，环保利用平台协同智慧治理将会成为未来行业主流形式，通过反复实践、不断总结和完善环保体系，确保环保监测数据更加精准、高效，应用范围更为广阔。

2. 数字环保逐步向多元化产业链发展

数字环保已从原来单一的监测职能逐步走向多元化产业链发展趋势。环境监测仅是数字环保的一部分，未来数字环保将不断向自动化环保设备、设备智慧维护、环境智能治理等各类综合智慧环保相关服务发展，让数字环保领域形成一个行业的产业链。同时，信息技术企业在延续传统环保业务的基础上不断精确各种环境监测数据，运用软件、5G、互联网等新一代信息技术，不断打造新的科技化智能型的环保业务，随着信息技术的不断更新换代，各交叉领域加速融合将会涌现出更多的数字环保企业。

3. 数字环保发展环境不断优化

相关政府职能部门将进一步优化数字环保政策环境，推动数字环保产业平稳高速运行。各项环保基础设施建设将不断完善，运营流程将进一步规范，数字环保管理水平将不断提高。同时，要素保障进一步完善，顶尖人才的定向培养不断探索，加强政府项目模式，正确实现多元化筹资渠道，营商环境不断优化，吸引高精人才为环保领域研发创新技术手段。以大数据技术为依托，数据的整合能力将不断加强，通过数字共享的形式协同作业，实现数字环保的综合运用能力和集成效果分析。数字环保行业的相关规范和准则持续完善，从信息技术手段、平台运营、服务评价等多方面开展，促进数字环保行业健康良性发展。

四、数字生活使得人民幸福感倍增

（一）智能家居

1. 智能家居产品正步入系统智能化阶段

伴随着5G、人工智能、物联网等技术的升级发展，智能家居产品将逐渐从智能化单品阶段步入以场景多元化及空间智能化为目标的互联互通阶段。智能化单品主要是通过手机操控、语音指令等方式完成工作，但设备之间的兼容性较差，未形成统一生态。未来，智能家居将以场景为中心，在智能单品间建立纽带，提升不同单品之间的兼容性与交互性，通过场景间的联动协同构建全屋智慧家居体系。同时，伴随着人工智能主动学习技术的升级，智能家居生态链将以人为核心，满足用户的交互需求及情感需求，甚至进入主动洞察客户需求及自发提供相应服务的全面智能阶段，构建完善的智慧全屋体系。

2. 前后装市场将共同促进智能家居行业增长

目前，我国智能家居市场主要可分为前装市场模式及后装市场模式。以智能单品销售为核心的后装模式凭借安装便捷、选择自由、价格较低的优势率先获得消费者青睐，但后装模式存在整体性、系统性较弱的问题。

随着智能家居单品逐渐打开市场，用户教育进入完成阶段，消费者对智能家居的接受度和认可度将提升，前装模式下的整套智能家居解决方案将会越来越普及。部分智能家居厂商已经开始与房地产、家装公司合作，将其产品打包进整体的智能家居解决方案，一方面借助线下渠道的力量更快地触达消费者，另一方面将目标用户拓展至消费能力更强、年龄层次更广的群体中。但是，考虑到前装与后装适用于不同的场景，两者之间存在一定的优势互补，未来将会齐头并进，共同促进智能家居行业的发展。

3. 相关政策的出台将加大智能家居普及程度

智能家居作为物联网九大重点领域应用示范工程之一，伴随着国家相关政策的陆续出台，行业发展一直保持良好发展状态，社会上对智能家居的认可度也越来越高。2017年发布的《物联网智能家居 数据和设备编码》一定程度上对智能家居市场进行了规划。2021年出台的《关于加快发展数字家庭 提高居住品质的指导意见》中明确提出强化智能产品在住宅中的设置。对新建全装修住宅，明确户内设置楼宇对讲、入侵报警、火灾自动报警等基本智能产品要求；鼓励设置健康、舒适、节能类智能家居产品；鼓励预留居家异常行为监控、紧急呼叫、健康管理等适老化智能产品的设置条件。鼓励既有住宅参照新建住宅设置智能产品，并对门窗、遮阳、照明等传统家居建材产品进行电动化、数字化、网络化改造。

（二）智慧零售

1. 零售企业将全面提升数字化运营管理能力

伴随着越发激烈的市场竞争，越来越多的零售企业发现数字化运营管理体系是驱动零售业务增长的关键，零售企业正逐步将更多精力投入到运营管理环节的数字化改造升级之中。零售企业将通过建设业务中台、数据中台、用户管理平台等信息技术（IT）基础设施的方式，打通研发、生产、营销、物流、售后等环节，从而实现全链条协同管理。IT 基础设施的升级将有助于零售企业创新经营机制，推动企业管理体制变革，实现组织结构扁平化、运营管理数据化、激励机制市场化，提高经营效率和管理水平。

2. 数字技术和智能设备将大幅提升顾客体验

零售企业将顺应个性化、多样化、品质化消费趋势，加强诚信服务，推广精细服务，提高服务技能，延伸服务链条，规范服务流程。零售企业将灵活运用网络平台、移动终端、社交媒体等方式加强与顾客的互动，建立起及时、高效的消费需求反馈机制，做精做深体验消费。线下的实体零售店将加快服务设施人性化、智能化改造，加大在无线网络、移动支付、自助服务、停车场等配套设施建设上的投入力度，着力提升顾客的消费体验。

3. 智慧零售将推动区域新经济实现均衡发展

智慧零售将推动我国零售行业进一步向普惠、均衡的方向发展，通过专业化分工的形式助力区域新经济兴起。[①] 比如，随着直播电商进入全面渗透、高速增长阶段，农产品上行、生鲜零售、社区团购等模式快速增长，智慧零售相关平台将加速走进商品原产地及特色产业带，带动当地经济的发展与升级。另外，在智慧零售的推动下，下沉市场的消费潜力得到进一步释放的同时，中小城市及农村地区的零售、电商创新创业机会也将增多。直播带货、短视频电商、小程序电商、社区拼团、社交分享等新模式将加速区域新经济产业的发展，规范经营的网红经纪机构、主播达人、视频博主等也将成为创业的新形式，带动当地就业。

---

① 人民网研究院：《新业态、新模式、新就业——智慧零售行业报告》，2021。

（三）智慧物流

1. 物流信息互联共享体系将加速构建

传统物流活动将加速向数据化、标准化、开放化方向发展。物流企业自身信息化建设将加快，通过电子化、数据化的方式采集物流交易和物流活动信息，电子面单、电子合同等数据化物流活动信息载体将被广泛应用，这些电子化、数据化的物流活动信息将为智慧物流发展提供基础条件。物流信息标准化建设将提速，有关物流数据采集、管理、开放、应用的相关国家标准规范将逐步建立健全，企业间物流信息交互标准以及物流公共信息平台应用开发、通用接口、数据传输等标准制修订进程将加速并得到推广和应用。物流数据开放共享水平将不断提升，政府将积极制定物流数据开放目录，对数据开放的具体方式、内容、对象等做出规定，促进海关、港口、铁路等部门之间的信息共享，推动不同交通运输方式之间的信息衔接，同时，政府也将引导社会力量有序地采集和分析物流运行数据，支持公共服务机构、大型企业针对社会化物流需求提供基于物联网、云计算、大数据的各类应用服务。

2. 仓储配送智能化水平将不断提高

智能仓储配送设施网络将持续完善，云、网、端等智慧物流基础设施将加快建设，通过智能化物流装备提升仓储、运输、分拣、包装等作业效率和仓储管理水平。先进仓储配送技术将持续迭代，针对产品可追溯、在线调度管理、智能配货等重点环节的关键技术将持续创新，例如在各级仓储单元推广使用二维码、无线射频识别、集成传感等物联网感知和大数据技术，实现仓储设施与货物的实时跟踪、网络化管理及库存信息的高度共享。物流机器人也将在仓储配送环节发挥越来越重要的作用，未来将重点突破机器人影像识别挑选、高密度存储机械臂拣选、语音拣选等技术，实现仓内机器人多模式应用。

3. 高效便捷物流新模式将不断拓展

物流企业将依托大数据、物联网、人工智能等技术，不断创新经营和服务模式，将各种运输、仓储等物流资源在信息平台上进行整合和优化，扩大资源配置范围，提高资源配置的有效性。在车货匹配方面，物流信息平台将整合线下物流资源，打造线上线下联动公路港网络，促进车货高效匹配，拓展信用评价、交易结算、融资保险、全程监控等增值服务。在运力优化方面，企业将利用大数据和云计算技术，加强货物流量、流向的预测预警，优化货物运输路径，实现对配送场站、运输车辆和人员的精准调度。在运输协同方面，多式联运公共信息平台将加快建设，从而实现不同业务系统之间的对接，推动多式联运信息交换共享。在供应链管理方面，物流企业将依托互联网向供应链上下游提供延伸服务，推进物流与制造、商贸、金融等产业互动融合、协同发展。

（四）数字文化

1. 数字文化产业发展基础将不断夯实

数字文化产业新型基础设施建设将提速，运营商将面向行业通用需求，建设数据中心、云平台等数字基础设施，逐步打通"数字化采集－网络化传输－智能化计算"数字链条，促进产业互联互通。数据要素潜力将被充分激发，文化数据产品和服务体系将被打造，围绕文化大数据采集、存储、加工、分析、服务等环节的新产品将不断涌现，对文化消费大数据分析和运用，将促进供需调配和精准对接。市场主体创新能力将不断提升，文化企业将加大对数字技术应用的研发投入，通过自主或联合建立技术中心、设计中心等机构的方式，推动产品服务和业务流程改造升级。产业标准体系将逐步完善，通过推动虚拟现实、交互娱乐、智慧旅游等领域产品、技术和服务标准的研究制定，逐步形成数字文化产业标准体系，发挥标准对产业的引导支撑作用，以标准建设促进产业发展。

2. 数字文化产业新型业态将持续涌现

优秀文化资源将依托数字化技术实现创造性转化和创新性发展，文化场馆、文娱场所、景区景点和街区园区将开发数字化产品和服务，将创作、生产和传播等向云上拓展，文物、非物质文化遗产将以新媒体作为传播推广媒介，通过对文化资源进行数字化转化和开发，让优秀文化资源"活起来"。文化产业将加快上线上云步伐，大力发展平台经济，文化领域垂直电商供应链平台、数字精品内容创作和新兴数字文化资源传播平台将不断涌现，逐步探索流量转化、体验付费、服务运营等新模式。云演艺业态将走向成熟，伴随着"5G+4K/8K"超高清视频技术在演艺产业的推广应用，在线剧院、数字剧场数量将大幅增长，演艺机构举办线上活动频次将加大，线上线下将进一步融合。云展览业态将持续丰富，文化文物单位将与融媒体平台、数字文化企业开展合作，运用5G、VR/AR、人工智能、多媒体等数字技术开发馆藏资源，发展云展览新模式，将加速落地一批博物馆、美术馆数字化展示示范项目。

3. 数字文化产业生态体系将加快构建

数字文化产业链将加速重构，以"建链、强链、延链、补链"的方式提高产业链的稳定性和竞争力，并通过与互联网、物联网的深度融合，逐步打造大数据支撑、网络化共享、智能化协作的智慧产业链体系。数字文化产业将逐步融入区域发展战略，未来将围绕京津冀协同发展、长三角一体化发展、长江经济带发展、粤港澳大湾区发展、黄河流域生态保护和高质量发展、成渝地区双城经济圈等区域发展战略，建立一批数字文化产业发展集聚区，将数字文化产业发展与长城、大运河、长征、黄河等国家文化公园的发展相衔接，以市场化方式促进产业集聚，逐渐实现溢出效应。数字文化产业市场环境将不断优化，数字文化新产品、新业态、新模式知识产权保护将会得到加强，评价、权益分配和维护机制将逐步完善，知识产权价值将得以凸显。

实践篇

第五章
智慧城市

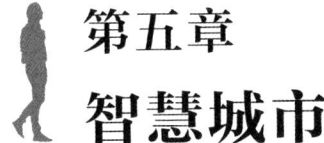

推进智慧城市建设,是党中央、国务院立足于我国信息化和新型城镇化发展实际,为提升城市管理服务水平,促进城市科学发展而作出的重大决策,是落实新型工业化、信息化、城镇化、农业现代化、绿色化同步发展的积极实践。

一、重要意义

(一)助推城市治理和服务模式新变革

智慧城市以系统科学为指引,通过新一代信息技术应用,为促进城市治理和民生服务精细化、普惠化、便捷化提供强大助力,让城市更聪明、更智慧,让生活更美好。在城市治理方面,智慧城市大脑通过对散布在城市的海量终端数据实时采集和多部门数据汇聚,建设环境感知、精准监测等分析预警平台,实现城市各领域问题"实时看、快速决、智能管",大幅提高了对决策问题的精准识别和有效预判,并为后续决策方案提供参考。城市大脑、一体化综合指挥平台等智慧城市治理平台改变了各部门间协作方式,推动公共安全、应急救灾、生态环保等领域从线下转向线上线下融合,从单一部门监管向更加注重部门协同治理转变,推动多部门跨领域的协同合作,提高行政执法资源配置效率。在民生服务方面,政务服务平台、民生服务平台等促进民生服务事项办理线上线下协同,拓展公共服务的供给覆盖面,提高了供给质量。在交通领域,智慧交通建设了实现路网精细化监测、重大活动及突发事件应急保障、数据挖掘应用等功能,有效缩短了区域通行时间,保障特种车辆优先调度,实现便捷停车等。在疫情防控方面,健康码、行程码等智慧城市应用实现了各类疫情防控信息的数字化和可视化管理,助力重点人群动态监测、跟踪、预警服务等重要功能,为疫情防控工作的指挥决策提供重要参考。

（二）激发城市变革创新发展新动能

智慧城市发展推动了城市运行管理数据汇聚、共享与交换，加速构建城市数据底座，推动经济社会大数据应用创新，激发城市创新发展新动能。2017年12月，习近平总书记在中共中央政治局就实施国家大数据战略进行集体学习时提出"加强政企合作、多方参与，加快公共服务领域数据集中和共享，推进同企业积累的社会数据进行平台对接，形成社会治理强大合力"。《中华人民共和国国民经济和社会发展第十四个五年规划和2035年远景目标纲要》中提出："构建城市数据资源体系，推进城市数据大脑建设。"城市数据资源是数字经济、智慧社会时代城市发展与治理至关重要的基础资源，城市大脑打通了城市海量广覆盖、多领域的物联终端，推动了政务数据、互联网数据、时空地理数据等多元数据汇聚和有机融合，形成了城市数据底座，同时城市大脑通过系统接口和技术工具等手段，为社会各界开展城市数据挖掘和创新应用提供平台和数据资源，为城市应用创新、治理创新、产业创新提供了强大的新动能。

（三）促进城市发展产城融合

智慧城市建设促进城市发展产城融合，为数字经济发展提供新契机，为城市创新发展注入了新动能。部分地方城市通过城市大脑平台建设，吸引了互联网、大数据、云计算、人工智能等新兴技术型公司汇聚，促进新技术探索实践，推动了产业创新和产城融合。例如，杭州市在全国率先推出了城市大脑建设，促进了云计算、物联网、大数据、人工智能等技术在城市发展中的创新应用探索，为企业探索形成成熟产品服务解决方案提供了试验场，为新技术和新产品在全国市场推广提供了城市应用展示厅。郑州市依托阿里巴巴推进开展城市大脑建设，城市大脑推出118个场景应用，涵盖智慧交通、智慧健康、智慧教育等 18 个业务领域，带动了城市大脑上下游产业生态集聚，推动产、研、销一体化企业落地郑州，为郑州培育云、数、智核心产业和发展完善数字经济产业生态注入了新活力。

（四）拓展城市高质量发展新路径

智慧城市建设为城市高质量发展提供产业创新平台，提升城市治理服务水平。智慧城市大脑促进了城市创新发展，智慧城市大脑建设为新技术创新应用、新业态孵化推广提供实践平台，为培育创新型产业提供数据支撑。郑州、长沙、贵阳等中西部城市借助建设城市大脑契机，吸引数字产业集聚发展，促进了数字经济发展水平提升。智慧城市大脑以技术引领协调发展，智慧城市大脑打通市县乡一体化信息服务平台，推动跨地区、跨部门、跨层级的业务协同，缩小城乡数字鸿沟，提升乡村治理能力。智慧城市大脑为城市绿色发展注入动能。智慧城市大脑提高城市交通等多个领域运行效率，直接或间接减少了污染气体排放，推动实现碳达峰、碳中和目标。智慧城市大脑推动开放、共享的新发展局面。智慧城市大脑为城市数据资源开放提供安全平台，促进数据合法合规共享，推动产学研融合，共同开放数据价值。智慧城市大脑在能力、业务和技术方面为城市高质量提供全面支撑，夯实智慧城市的数字底座，促进城市创新、绿色、开放发展，打造数字经济时代智能、安全、宜居的城市新名片。

二、发展现状

（一）政策大力扶持智慧城市发展

我国城市化区别于西方一个显著特征就是"政府主导"因素大于"市场自然演变"因素，政府行为在城市化进程中起着关键性的作用。近年来，国家和地方出台的系列政策和战略部署也对我国智慧城市发展起了至关重要的作用。

1. 国家层面高度重视

自 2008 年 IBM 首次提出"智慧城市"概念以来，国家陆续出台了系列政策推动智慧城市建设。从 2008 年到 2014 年，我国一直处于智慧城市建设的探索期。在此期间，住房和城乡建设部办公厅发布了《关于开展国家智慧城市试点工作的通知》和三批试点工程推动智慧城市试点工作；国家发展改革委联合七部委发布《关于促进智慧城市健康发展的指导意见》，将智慧城市建设上升到国家战略层面。

直到 2016 年，国家"十三五"规划纲要提出，建设一批新型示范性智慧城市，我国智慧城市建设才从理论探索阶段转为大规模工程实践阶段。同年 4 月，国家发展改革委提出在"十三五"时期有针对性地组织 100 个城市开展新型智慧城市试点并开展智慧城市建设效果评价工作；2017 年 10 月，党的十九大提出，推动互联网、大数据、人工智能和实体经济深度融合，建设数字中国、智慧社会，这表明新型智慧城市的建设又上升到新高度；2018 年 6 月发布的《智慧城市 顶层设计指南》明确了智慧城市顶层设计的总体原则。

2020 年以来，国家更是密集出台了相关政策引导和鼓励智慧城市发展。2020 年全国两会首次将"新基建"写入《政府工作报告》；2021 年 3 月，国家"十四五"规划和 2035 年远景目标纲要中提出，"分级分类推进新型智慧城市建设"；同年 4 月，住房和城乡建设部等 16 部门联合印发《关于加快发展数字家庭提高居住品质的指导意见》，提出推进数字家庭系统基础平台与新型智慧城市"一网通办""一网统管"；同年 5 月，住房和城乡建设和工业和信息化部联合发布确定北京、上海、广州、武汉、长沙、无锡为智慧城市基础设施与智能网联汽车协同发展第一批试点城市；2022 年的

《政府工作报告》明确提出，建设数字信息基础设施，推进 5G 规模化应用，促进产业数字化转型，发展智慧城市、数字乡村。

2. 地方层面积极推进

自"新型智慧城市"概念提出以来，国家和地方都把智慧城市建设作为未来城市发展的重心，并围绕智慧城市建设从总体架构到具体应用等角度出台了一系列政策措施，为我国新型智慧城市建设指明了发展方向。2015 年 7 月，广东省出台《广东省促进智慧城市健康发展工作方案（2015—2017 年）》，将智慧城市规划纳入全省总体规划部署实施；2016 年 9 月，上海市印发《上海市推进智慧城市建设"十三五"规划》，明确了"十三五"期间智慧城市建设的目标、思路和重点；同年 12 月，北京市出台《北京市"十三五"时期信息化发展规划》，提出到 2020 年，北京成为智慧城市建设示范区，北京城市副中心成为高标准智慧城市示范区；此外，"十三五"期间，江苏、陕西、河北、山东等多个省份也陆续出台了指导智慧城市发展的顶层规划政策。

2021 年，我国多个省市在"十四五"规划中提出，加快智慧城市、新基建等规模部署，建设新一代信息基础设施体系。其中，北京市在"十四五"规划中提出提升智慧城市服务水平；浙江省提出大力建设新型智慧城市，推行城市大脑中心城市全覆盖；山东省提出实施城市更新行动，全面开展新型智慧城市建设。与此同时，北京、上海、深圳等多个重点城市还出台了智慧城市建设专项规划，将智慧城市建设作为 2021 年的首要发展任务之一。例如，2021 年 1 月，深圳市政府印发了《深圳市人民政府关于加快智慧城市和数字政府建设的若干意见》，提出到 2025 年，深圳市将打造具有深度学习能力的城市智能体，成为全球新型智慧城市标杆和"数字中国"城市典范；《成都市智慧城市建设行动方案（2020—2022）》中提出到2022年,成都市智慧城市架构体系基本完善,进入全国智慧城市第一方阵。

(二) 各地加快推进智慧城市建设

近年来,我国智慧城市建设进入爆发式增长期,各地都在积极开展智慧城市顶层设计,推动智慧城市建设。长三角、珠三角、京津冀、成渝等多个城市群均在规划文件中明确提出推进智慧城市群建设。根据中国信通院发布的《智慧城市产业图谱研究报告(2020年)》显示,我国智慧城市相关试点已经超过700个,开展新型智慧城市顶层设计的省会城市及计划单列市、地级市比例已达到94%和71%。

1. 长三角积极推进智慧城市群建设

2020年7月,中共中央、国务院印发《长江三角洲区域一体化发展规划纲要》,提出推动长三角都市圈内新型城市建设,共同打造数字长三角。上海、江苏、浙江等长三角省市积极响应规划部署,协同建设新一代信息基础设施,加快5G网络布局,深化5G在工业互联网、车联网、智能制造、智慧城市等重点领域创新应用,基本完成网络设施下一代互联网即互联网协议第6版(IPv6)改造,杭州市建成启用国内首个新型互联网交换中心,南京市江北新区落户IPv6根服务器。浙江、安徽等省份所有地级市均已开展城市大脑建设,杭州等城市通过构建城市大脑区县枢纽,实现市级城市大脑向区县下沉,城市大脑市县一体化融合发展迈向纵深。积极开展车联网和车路协同技术创新试点,筹划建设长三角智慧交通示范项目,杭绍甬智慧高速公路建设、沪杭甬高速智慧化提升改造、杭州绕城西复线智慧公路试点三个智慧高速项目顺利推进。统筹规划长三角数据中心,启动建设全国一体化算力网络国家枢纽节点。合力建设长三角工业互联网,打造全国首个工业互联网一体化发展示范区。

2. 珠三角积极推进智慧城市群建设

2014年11月,广东省政府出台《推进珠江三角洲地区智慧城市群建设和信息化一体化行动计划(2014—2020年)》,提出到2020年,建成珠三角世界级智慧城市群。2021年以来,广州、珠海、深圳等城市又相继出台了"十四五"智慧城市建设专项规划,将智慧城市建设作为"十四五"时期的首要发展任务之一。根据规划部署,珠三角地区正在加快推进数字基础设施建设,全面提升通信网络能级,加速5G网络全覆盖。其中,深圳市和广州市在信息基础设施建设方面成效显著,累计建成5G基站4.76万座和超5.2万座。此外,各地还在加快推进粤港澳大湾区大数据中心、全球海洋大数据中心、国家超算广州中心系统、珠海市大数据中心等数据中心建设,以智慧城管赋能城市精细化管理。广东省正在加速构建省市级城市综合管理服务平台,实现全省城市管理"一张网",此前全省已有21个地市基本建成数字化城市管理平台,实现城市管理功能整合和各部门数据资源共享。

3. 京津冀积极推进智慧城市群建设

2021年9月,河北省智慧城市联合会发布《京津冀(河北)新型智慧城市发展报告2015—2020》,数据显示,"十三五"期间京津冀三地智慧城市发展整体呈递增趋势。在基础设施建设方面,依托京津冀大数据综合试验区,三地全面加强大数据产业对接联动,加快建成国家大数据产业创新中心、应用先行区、改革综合试验区和全球大数据产业创新高地;在智慧政务方面,三地相继出台了《京津冀政务服务协同发展战略合作框架协议》《京津冀政务服务"一网通办"事项建议清单》《京津冀政务服务通办事项电子证照共享应用清单》系列文件,推动京津冀政务服务协同发展,各类服务事项"一网通办"、异地可办;在智慧交通方面,响应《京津冀协同发展交通一体化规划》《〈京津冀协同发展规划纲要〉交通一体化实施方案》等政策文件规划要求，目前京津冀地区基本形成了以"四纵四横一环"运输通道为主骨架，多节点、网格状的区域交通新格局，现代化的高质量综合立体交通网初步建成；在智慧产业方面，根据《北京市"十四五"时期高精尖产业发展规划》，三地正在加快推进"一区两带多组团、京津冀产业协同发展"新格局形成。

4. 成渝积极推进智慧城市群建设

2020年10月，成都市出台《成都市智慧城市建设行动方案（2020—2022）》，提出推进智慧城市区域合作，着眼成渝地区双城经济圈建设，推动数字成渝一体化。2021年5月，成渝地区工业互联网一体化发展示范区获批，两地联合制定《2022年成渝地区工业互联网一体化发展示范区建设工作要点》，提出年内两地将建成20个工业互联网二级节点、20个"5G+工业互联网"项目、新增"上云"企业6.5万户等一揽子发展目标。目前，成渝地区已实现两地所有区县重点区域5G网络全覆盖；积极培育了"5G+工业互联网"重点行业和典型应用场景样板，遴选了2021年四川省"5G+工业互联网"标杆项目10个；有序推进标识解析行业节点建设，重庆市工业互联网标识解析国家顶级节点（重庆）上线并开放接入西部七省市19个二级节点，累计标识注册量为60.2亿，日均解析量约1000万次，企业节点近2000家；重庆市培育了中移物联、中冶赛迪、公鱼互联等本地特色平台，四川省本土龙头企业打造了近40个省级工业互联网平台，成渝地区企业"上云"数量累计达30万户。2022年1月，国家发展改革委等部门同意成渝地区启动建设全国一体化算力网络国家枢纽节点，成渝枢纽正在规划设立天府数据中心集群和重庆数据中心集群。

（三）数字科技企业积极参与智慧城市建设

2020年11月，工业和信息化部牵头发布《数字孪生白皮书》，提出到

2023年,我国新型智慧城市市场规模预计达到1.3万亿元。随着智慧城市迎来新一轮的爆发期,越来越多的数字科技企业加入进来,以数字科技赋能智慧城市建设。

1. 互联网企业积极参与智慧城市建设

互联网企业主要以行业应用和云计算为切入点参与智慧城市建设,以阿里巴巴、腾讯、华为、百度为代表的互联网企业凭借先进技术优势,已相继在多个城市开展城市大脑平台建设。2016年,阿里巴巴与杭州市政府合作,启动ET城市大脑建设,主要围绕智能交通治理应用场景部署实施,ET城市大脑正在向医疗应急调度、城市管理、环境治理、旅游开发、城市规划、平安城市、民生服务等七大应用领域拓展,已升级为整个城市的人工智能中枢,在杭州、上海浦东新区、海口、澳门、郑州、雄安等地先后落地。2019年,腾讯云发布WeCity未来城市品牌。2020年,腾讯发布新一代WeCity技术平台,整合腾讯云、5G、大数据、物联网、人工智能等技术能力,构建覆盖政府、民生和企业的场景应用生态,现WeCity已成功打造江门智慧人才岛、长沙城市超脑、上海一网统管、武汉城市码、合肥人产城全面融合、北京城市多卡合一以及数智贵阳等多个智慧城市标杆案例。2020年,华为提出城市智能体概念,并率先与深圳市联合发布了共建鹏城智能体。城市智能体是针对城市治理、应急指挥等场景,融合5G、人工智能、云计算、物联网等新一代信息技术,与政府共同打造的云网边端一体化智能协同系统,已在深圳、成都、福州、南昌、长春等城市开展建设。此外,百度也基于自身的全栈AI、地图和互联网生态优势打造"百度大脑",先后与北京市海淀区、山西省太原市、云南省丽江市等地合作开展城市大脑建设。京东也明确提出要以京东金融、物流数据作为数据支撑来做城市大脑。

2. 电信运营商积极参与智慧城市建设

在智慧城市建设中，电信运营商的作用不可或缺。一方面，运营商是新型信息基础设施建设的主要力量，为智慧城市建设提供基础和保障；另一方面，运营商也在加快智慧城市产品研发，推广智慧应用，为智慧城市建设赋能。

多年来，中国移动积极参与新型智慧城市的建设，已经打造出"国家远程医疗协同平台""苏州市电子政务云平台""上海市电子政务云平台""5G+智能电网""5G+金融智慧网点""雄安新区物联网统一开放平台""北方医疗大数据中心""海豚世界云平台"等系列成果。如今，中国移动正在加速打造以智慧城市 OneCity 为核心的产品能力体系，提供全面的 DICT 集成服务，致力于成为国内一流的解决方案提供商。

在智慧城市建设方面，中国电信率先提出了建设以"一网、一云、一平台"为核心的智能信息化基础设施。积极探索 5G 在交通、警务、生态治理、医疗、教育、制造等垂直领域应用，打造了一批数字化标杆示范项目，通过"5G+天翼云+专线+警务云"融合应用创新助力创建"平安深圳"；携手成都市公交集团、华为公司打造了全国首个 5G 智慧公交综合体；利用 5G 技术和传感设备配合，实现对水资源的可视化监测；和华为共推 5G City，赋能城市智慧建设升级。明确了"2+4+31+X+O"的云网融合资源布局，加快数据中心和天翼云资源池建设，巩固内蒙古自治区、贵州省两个集团级超大规模数据中心地位。

中国联通推动 5G、人工智能等新一代信息技术与钢铁、采矿、教育、文旅、医疗等传统产业融合，现已建成"5G+工业互联网""5G+教育""5G+医疗""5G+交通"等 500 多个 5G 灯塔项目，1500 多个 5G 行业虚拟专网项目，5000 多个 5G 商业化行业应用项目。中国联通与中国电信共建共享合作有序推进，截至 2021 年，商用部署共建共享 5G 基站超 60 万个，占全球已建 5G 基站数 40% 以上，建成了全球首个且规模最大的 5G 独立组网（SA）共建共享网络，实现了大规模产业化应用，联合发布了自主研发的共建共享区块链调度平台。

3. 系统集成商积极参与智慧城市建设

智慧城市建设是一个复杂的系统工程，涉及大量的系统集成，这也为系统集成商提供了重要的发展机遇和巨大市场，吸引了易华录、海信网络科技、东软等大量系统集成商积极参与智慧城市建设。2020 年，易华录的城市智能交通建设项目覆盖了山东、北京、四川、黑龙江、江西、浙江、内蒙古等省、自治区、直辖市，千万级项目 11 个，其中哈尔滨市智慧城市"交通云"项目和成都市中德智能网联汽车试验场地建设项目超过 2 亿元。从 2014 年承建青岛市智能交通建设，到 2019 年正式发布城市云脑，再到 2020 年发布"智慧新生活之城解决方案"，海信的智慧城市建设方案不断升级，截至 2021 年，海信产品和解决方案应用于全国 169 个城市，其中 39 个直辖市、省会城市、计划单列市中，92% 的城市都在使用海信的解决方案。2020 年，东软集团与山西省政府开展合作，为推进"数字山西"建设提供的智力支撑和技术支持；神舟数码先后参与了上百个智慧城市的建设；东华软件子公司和腾讯合作共建"城市大脑"。

4. 信息通信技术（ICT）设备提供商积极参与智慧城市建设

ICT 设备作为智慧城市的底座，是智慧城市的主要投资部分。国内 ICT 设备制造商中兴通讯、新华三、曙光等都在积极参与智慧城市建设。早在 2014 年，中兴通讯就已参与国内 100 多个城市的智慧城市建设，建设北京、上海、深圳、天津、广州五大城市专网；2017 年，中兴通讯 NB-IoT 解决方案通过三大电信运营商实现规模部署，LORA 解决方案实现在 100 多个行业应用，在 40 多个城市建设了大数据中心。2018—2019 年，中兴通讯实施的苏州智慧城市项目、西宁智慧城市项目、徐州智慧城市项目、清河智慧城市项目获评"亚太区领军智慧城市服务商""中国智慧城市领军解决方案提供商"等；2021 年，中兴通讯承建了武昌市大数据中心等项目。新华三承建了国家电子政务外网及 20 余个省级和 200 余个地市级政务网络，以及 14 个部委级政务云、20 个省级政务云和 300 余个地市区县政务云等，为城市数字大脑计划提供了经验支撑。2017 年，新华三集团开始研发智慧城市操作系统 1.0，2019 年发布智慧城市操作系统 2.0 和数字大脑计划，2020 年发布全新城市操作系统 3.0。曙光已在全国建设运营 50 多个城市云计算中心，服务超过 10000 家政企单位。曙光城市云脑，通过善政、兴业、惠民三方面推动新型智慧城市建设，更好地服务于城市治理和民生服务。

（四）城市数字基础设施不断完善

近年来，我国数字基础设施建设取得显著进展，网络基础设施建设全面加速，实现跨越式提升；算力设施建设有序推进，发展基础不断夯实；传统基础设施加速转变，融合基础设施发展水平不断提升。

1. 网络基础设施加快迭代升级

国家层面，我国建成了全球规模最大、技术领先的网络基础设施，历史性完成"光进铜退"改造工程，光纤网络接入带宽实现从十兆到百兆、再到千兆的指数级增长。移动网络实现从 3G 突破、4G 同步、5G 引领的跨越。截至 2022 年 9 月末，我国移动通信基站总数达 1072 万个，比上年末净增 75.4 万个，其中，5G 基站总数达 222 万个，比上年末净增 79.5 万个，占移动基站总数的 20.7%，建成全球最大 5G 网络。地方层面，所有地级市全面建成"光网城市"，所有行政村全面实现"村村通宽带"，所有地级市、98% 以上的县城和 80% 的乡镇都实现了 5G 覆盖。以浙江省为例，"十三五"期间,"宽带浙江"建设成效显著,通信网络基础设施加快迭代升级。其中,4G 网络建设基本实现省内全覆盖,累计建成 4G 基站 34.9 万个,位列全国第三;5G 网络实现全省县城以上地区和部分重点乡镇覆盖,累计建成 5G 基站 5.9 万个,速度领跑全国;光纤网络实现全省行政村以上地区全覆盖,城市和农村家庭均可满足百兆至千兆服务能力,光缆线路总长 331.7 万千米,位居全国第三。

2. 算力基础设施加快全部部署

国家层面,我国高度重视算力发展,加快部署算力基础设施建设。启动"东数西算"国家级系统工程,全国布局建设算力网络国家枢纽节点,规划数据中心集群,构建国家算力网络体系。投资建设国家超级计算中心,现阶段明确设立运营的国家级超算中心共有 9 家,主要位于中、东部地区。"十三五"期间,我国数据中心机架数、通用服务器数量、AI 服务器数量、超级计算机数量均保持快速增长。截至 2021 年 10 月,我国数据中心规划新增机柜总数约 99.15 万架,存量机柜总数达到约 415.06 万架。地方层面,各地大力推进算力基础设施建设。目前天津、深圳、长沙、济南、广州、无锡、郑州、昆山及成都等城市已建成国家超级计算中心,西安市正在建设第 10 家国家超级计算中心。根据"东数西算"工程部署,即将在京津冀、长三角、粤港澳大湾区、成渝以及内蒙古、贵州、甘肃、宁夏等 8 个地区启动国家算力枢纽节点建设,规划中重点加强了西部地区的布局。我国数据中心大多分布在东部地区,仅北上广三地就占据了全国份额的 26%,如今西部地区也在加快算力设施布局。以贵州省、宁夏回族自治区为例,贵州省 2014 年就开始布局大数据产业,如今大数据已成为该省五大支柱性产业之一,贵阳市和贵安新区在建及运行的数据中心达 17 个,成为全球集聚超大型数据中心最多的地区之一;宁夏中卫市现已建成亚马逊、美利云、中国移动、中国联通、天云网络、创客超算 6 个超大型数据中心，在建中国电信、中国广电、炫我科技、爱特云翔等 6 个数据中心，已建成数据中心机房总面积达 25 万平方米，安装机架超过 3 万个，服务器装机能力达到 65 万台。

3. 融合基础设施加快智能转型

国家"十四五"规划和 2035 年远景目标纲要中提出要布局融合基础设施建设，加快交通、能源、市政等传统基础设施数字化改造。近年来，5G、物联网、人工智能等新一代信息技术应用加速了传统基础设施智能化改造进程，我国在融合基础设施建设方面成效显著。智能交通领域，港口和高速公路智能化改造全面推进，实现了电子地图全面覆盖，电子客票全面普及，快递电子运单使用率超过 90%。智慧能源领域，山东能源集团发布了全球首套矿用高可靠 5G 专网系统，实现了一键采煤、掘进机远程操控、高清视频回传、智能机器人巡检等多种功能，全面提升了矿井智能化水平，已在兖州煤业、鲍店、东滩等煤矿应用。工业互联网领域，我国工业互联网标识解析体系建设稳步推进，截至 2021 年年底，北京、广州、上海、武汉、重庆五大国家顶级节点持续稳定运行，日均解析量突破 4000 万次，二级节点的数量达到 158 个，覆盖 25 个省、自治区、直辖市，标识注册总量近 600 亿。现已建成有全国影响力的工业互联网平台超过 150 家，服务超过 160 万家工业企业，接入设备总量超过 7600 万台套。全国在建"5G＋工业互联网"项目超过 2000 个，涵盖电子设备制造、装备制造、钢铁等 22 个重点行业。

（五）城市公共服务应用业态加快创新

近年来，公共服务智慧化逐渐成为新型智慧城市建设的重点，通过 5G、人工智能、物联网、云计算、大数据等新一代信息技术赋能，教育、医疗、养老、政务等公共服务领域不断向智慧化转型，应用业态加快创新。

1. 大力发展智慧教育

政策层面，早在 2002 年，教育部就出台了《教育信息化"十五"发展规划（纲要）》，大力推进教师教育信息化；"十三五"期间，教育部先后出台了《教育信息化2.0行动计划》《智慧校园总体框架》《中国教育现代化2035》《加快推进教育现代化实施方案（2018—2022年)》系列文件，明确将智慧教育创新发展作为新时代教育信息化八大实施行动之一，支持各级各类学校建设智慧校园，构建"互联网+教育"支撑服务平台，深入推进"三通两平台"建设；2022 年，国家《"十四五"数字经济发展规划》提出继续深入推进智慧教育，同年 2 月，《教育部 2022 年工作要点》明确提出实施教育数字化战略行动，建设国家智慧教育公共服务平台。行动层面，2019 年，教育部启动了智慧教育示范区创建项目，最终确定了北京市东城区、山西省运城市、上海市闵行区、湖北省武汉市等 8 个首批智慧教育示范区，2021 年 2 月，北京市海淀区、天津市河西区、广东省深圳市等 10 个市、区入选成为第 2 批智慧教育示范区。我国在一二线城市基本实现了数字校园，作为数字校园的升级，目前华东、华北、中部地区已经开始进行整体化的智慧校园建设。"三通两平台"建设取得了明显进展，学校网络教学环境不断改善，截至 2020 年年底，我国中小学（含教学点）网络接入率达 100%，未联网学校实现动态清零，出口带宽 100 兆以上的学校比例达 99.92%，98.35% 的中小学拥有多媒体教室；国家数字教育资源公共服务体系服务规模稳步扩大，截至 2021 年 5 月，已接入各级平台 221 个，累计汇聚上架了 93 家应用服务商的 224 个应用，平台资源覆盖中小学 86 个学科，资源下载总量达 2.39 亿次；2020 年，国家中小学网络云平台和中国教育电视台空中课堂开通，用户覆盖包括港澳台在内的全国所有省（区、市）及全球 174 个国家和地区，2022 年 3 月，国家中小学智慧教育平台上线试运行，国家智慧教育公共服务平台正式发布，国家职业教育智慧教育平台、国家高等教育智慧教育平台同步上线。

2. 加强智慧医疗服务

2016 年，中共中央、国务院印发了《"健康中国 2030"规划纲要》，将医疗卫生提升到国家战略层面，提出发展智慧健康医疗便民惠民服务；2018 年，《国务院办公厅关于促进"互联网+医疗健康"发展的意见》《关于深入开展"互联网+医疗健康"便民惠民活动的通知》等文件发布，提出完善"互联网+医疗健康"支撑体系，明确了"互联网+医疗健康"落地细则，大力支持"互联网+医疗健康"发展；2020 年，国家卫健委发布《关于加强全民健康信息标准化体系建设的意见》，提出加快全民健康信息平台等基础设施标准化建设，全面推进电子健康档案数据库、电子病历数据库等数据库建设；2021 年，《国务院办公厅关于推动公立医院高质量发展的意见》中明确提出，推动云计算、大数据、物联网、区块链、5G 等新一代信息技术与医疗服务深度融合，推进电子病历、智慧服务、智慧管理"三位一体"的智慧医院建设和医院信息标准化建设。行动层面，各地积极加快智慧医疗建设，广东省智慧医疗领跑全国。以广东省为例，广东省大力发展智慧医院，全省100%的三甲医院、90%的二级医院开展了智慧医疗服务。推广的广东省居民电子健康码，覆盖全省三级公立医院、90%以上的二级公立医院，实现智能预约挂号、导医分诊、预约检查、检查检验结果查询、取药配送等"一码通用"，全省居民使用次数超过3.6亿次。打造省级远程医疗平台，现已接入全省 21 个地市和 57 个县（市）人民医院、中医院和妇幼保健院，革命老区、粤东西北地区乡镇卫生院和社区卫生服务中心共 1838 家医疗机构远程医疗，可以提供远程会诊、远程影像、远程心电等服务。全国率先建设互联网医院,现已建成251家互联网医院。推出广东省健康医疗服务线上平台"粤健通"小程序,提供预约挂号、打疫苗等22项服务。

3. 完善智慧社保服务

政策层面,2021年6月,人社部印发《人力资源和社会保障事业发展"十四五"规划》,提出要显著提高人力资源和社会保障智慧服务能力,加强覆盖全国的智慧就业服务信息网络建设,提升公共就业服务标准化、智慧化、专业化水平。2021年年底,人社部印发《关于推进社会保险经办数字化转型的指导意见》,明确了社保经办数字化转型的各项部署安排,提出到2025年年底,社保经办数字化格局要基本形成,社保经办和数字化应用深度融合,社会保险数字治理水平稳步提升。行动层面,2014—2017年,人社部建成了国家全民参保数据库,为智慧社保建设提供了有力的数据支撑。2020年,人社部开展信息化便民服务创新提升行动,推动人社系统"全数据共享、全服务上网、全业务用卡",开通人社数据跨层级、跨部门共享服务。目前,部级已开通跨层级共享服务28项、跨部门共享服务31项,开通"一网通办"应用60项,社保卡"一卡通"人社领域业务应用95项。全国各地都在积极推进区域内居民服务"一卡通",以河南省为例,河南省正在推动社会保险经办数字化转型,加快社会保险经办服务向银行网点、乡镇(街道)、村(社区)延伸,打造社会保险"15分钟服务圈",实现社保业务"全省通办",以社会保障卡实现居民服务"一卡通"。

4. 推进智慧养老服务

政策层面,自2012年"智慧养老"理念被提出以来,国家密集出台了多个智慧养老相关政策;2015年,国务院印发《关于积极推进"互联网+"行动的指导意见》,明确提出"促进智慧健康养老产业发展"的目标任务;

2017年,《智慧健康养老产业发展行动计划(2017—2020年)》《关于开展智慧健康养老应用试点示范的通知》提出加快智慧健康养老产业发展,到2020年,基本形成覆盖全生命周期的智慧健康养老产业体系。2021年12月,国务院印发了《"十四五"国家老龄事业发展和养老服务体系规划》,提出推广智慧健康养老产品应用,开展智慧健康养老应用试点示范建设。行动层面,国家先后开展了四批次智慧健康养老应用试点示范工作,共遴选出167家示范企业,297个示范街道(乡镇),69个示范基地。工业和信息化部、民政部、国家卫生健康委三部门发布了《智慧健康养老产品及服务推广目录(2020年版)》,收录了118项智慧健康养老产品、120项智慧健康养老服务,促进了智慧健康养老产品的普及应用。上海、天津、安徽、江西等省市也在加快推进智慧养老建设,提升养老服务质量。以上海市为例,"十三五"期间,上海市先后推出上海市养老服务平台和上海养老顾问微信公众号,方便市民获取养老服务信息。此外,各区上线了区级智慧养老大数据平台,积极对接市级养老服务平台,侧重提供精准服务。2020年,上海市发布首批12个智慧养老应用场景需求,引导科技企业围绕智慧养老需求开发产品。上海市将"积极推进智慧养老"写入"十四五"规划;2021年6月,上海市发布第二批8个智慧养老应用场景;同年9月,上海市民政局印发《上海市养老服务发展"十四五"规划》,根据规划部署,上海市正在加速打造100个智慧养老院、1000个数字化社区养老服务场所,培育一批智慧养老应用示范基地、示范社区和示范品牌。

5. 打造智慧政务服务

政策层面,2016年,国务院印发了《关于加快推进"互联网+政务服务"工作的指导》和《"十三五"国家信息化规划》,提出2020年年底前,建成覆盖全国的整体联动、部门协同、省级统筹、"一网办理"的"互联网+政务服务"体系,统筹发展电子政务,建立国家电子政务统筹协调机制;2018年,国务院印发《关于加快推进全国一体化在线政务服务平台建设的指导意见》,提出加快建设全国一体化在线政务服务平台,形成全国政务服务"一张网";2021年年底,国家发展改革委印发了《"十四五"推进国家政务信息化规划》,提出"到2025年,政务信息化建设总体迈入以数据赋能、协同治理、智慧决策、优质服务为主要特征的融慧治理新阶段"。行动层面,"十三五"期间,我国智慧政务服务水平显著提升,全国一体化政务服务平台体系初步建成,以国家政务服务平台为总枢纽,联通了31个省(区、市)及新疆生产建设兵团、46个国务院部门、122个国家机关的政务服务平台,形成全国政务服务"一张网",推动90.5%的省级行政许可事项实现网上受理和"最多跑一次",节省了一半左右的时间。我国电子政务在线服务指数跃升至全球第9位,达到"非常高"的水平。目前我国地市级和区县级电子政务外网覆盖率均达到了100%,建成"1+3"的国家电子政务云数据中心体系,实现国家电子政务外网数据中心(廊坊)以及三大运营商数据中心(贵阳、呼和浩特、中卫)统一管理。

(六)城市社会治理应用业态加快创新

城市治理是推进国家治理体系和治理能力现代化的重要内容,国家"十四五"规划中提出"以数字化助推城乡发展和治理模式创新"。随着智慧城市进入爆发式增长期,互联网、大数据、人工智能等信息技术高度发展也为城市治理模式创新带来新的机遇。

1. 智慧城管

近年来,随着智慧城市建设推进,各地也开始陆续利用现代信息技术重塑城市管理模式,推进建设智慧城管,解决城市管理问题,提升城市管理精细化水平。以广东省为例,广东省自2016年开始就出台了《关于深入推进城市执法体制改革改进城市管理工作的实施意见》《关于推进全省数字化城市管理工作的实施方案》，明确所有市、县要整合形成数字化城市管理平台，并且向城市综合管理服务平台升级，提出基础型、通用型和智慧型等三类数字城管平台建设标准，分类指导各地开展平台建设。目前，全省21个地级市均已基本建成数字化城市管理平台，正在向城市综合管理服务平台升级。省级数字化城市管理平台于2017年启动建设，2018年正式试运行并全面部署开展省、市两级数字城管平台对接工作，推动省、市、县三级数字城管平台互联互通，积极构建全省数字化城市管理"一张网"，到2020年，全国率先实现与国家城市综合管理服务平台单点登录以及与各地市平台网络互联和单点登录。其中，深圳市2020年7月成立了城管智慧中心，探索城市精细化管理的新路径，该项目还荣获第二届"中国城市治理创新优秀案例奖"最高奖项。深圳市智慧城管系统通过构建"一云两平台N系统"的技术支撑框架，对内建设了指挥调度平台、城管业务应用系统，涵盖了智慧环卫系统、智慧执法系统、智慧养犬系统、城中村综治管理系统、户外广告管理系统、安全生产监管系统等19个系统；对外建设了公众互动服务平台，整合科普教育、绿道、政务办理等城管服务资源，为市民提供全方位的服务。

2. 智慧安防

国家"十四五"规划和2035年远景目标纲要提出，提高社会治安立体化、法治化、专业化、智能化水平。在国家政策的大力扶持下，多个省市也在将智慧安防写入"十四五"规划，在国家政策的大力扶持下，深入推进平安城市、平安社区等工程建设。2018年3月，重庆市《智慧小区评价标准》正式施行，成为全国首个智慧小区评价指标体系，到2020年年底，重庆市累计打造智慧小区244个，集成智慧安防、智慧停车、智慧家居等智能化应用30余项；2020年，上海市初步建成匹配城市体量的公安大脑，具备超级存储和运算能力，全市9000余个居民小区已升级为智能安防社区；2022年，浙江省公安厅把公安大脑建设作为"一号工程"推进，加速打造一体化、智能化的"浙警智治"平台，健全"处突、打击、治理、服务、保障"五大板块警务运行体系，全面构建基于新技术的智慧公安新机制、现代警务新体系；2020年，平安昆明建设领导小组印发《昆明市智慧安防小区建设三年行动计划（2020—2022年)》，提出到2021年，有物业服务的小区100%建成智慧安防小区，纳入老旧小区改造计划的100%完成智慧安防设施建设，全市建成80个市级示范型智慧安防小区。

3. 智慧交通

2021年9月，交通运输部印发《交通运输领域新型基础设施建设行动方案（2021—2025年)》，提出到2025年，我国将打造一批交通新基建重点工程，重点发展智慧公路、智慧航道、智慧港口与智慧枢纽四大领域，智能交通管理将得到深度应用。2021年，各省市也陆续发布"十四五"相关规划，提出智慧交通发展目标，例如，江苏省提出，到2035年，交通基础设施数字化率达到95%，走在全国前列；浙江省提出，到2022年，实现交通领域基础设施智能化水平提升20%以上。与此同时，各地的智慧交通建设步伐也在日益加快。以上海市为例，2018年3月，上海市开通首条胶轮路轨全自动无人驾驶APM线——浦江线，如今上海市地铁全自动无人驾驶线路已达到5条；2021年7月，上海市第一条无人收费智能管理道路停车场试点启用；2021年8月，上海市临港环湖1路智慧公交项目获得全市首张智能网联商用车载人示范应用牌照，实现从"道路测试"到"示范运营"的突破；全市累计开放智能网联汽车测试道路615条、1289.83千米，测试道路里程数位居全国首位。

4. 智慧监管

2017年,《"十三五"市场监管规划》中提出,坚持智慧监管,依托互联网、大数据技术,打造市场监管大数据平台,推动"互联网+监管",提高市场监管智能化水平。2022年,《"十四五"市场监管现代化规划》中提出,加快推进智慧监管,建立市场监管与服务信息资源目录和标准规范体系,全面整合市场监管领域信息资源和业务数据,深入推进市场监管信息资源共享开放和系统协同应用。在国家政策的大力支持下,各个地方市场监管部门也纷纷推出了各项智慧监管创新举措。2020年,中国市场监管论坛遴选出了10个典型创新举措。其中,北京市推出的"市场监管风险洞察平台"能够通过采集、整合互联网、地理信息等数据和企业经营活动轨迹数据进行企业全景、行业群体监测、重点行为监测。该平台已将北京市163.4万余户企业纳入监测范围,每个企业名下关联数据220余项,涉企外部数据总计5500余万条。企业族谱围绕企业、投资人、管理人员搭建了企业经营关系网络,涉及关联关系节点32.4亿个、关联关系信息65.8亿条。

(七)智慧城市组织推进机制不断完善

1. 构建统筹协调和顶层设计机制

国家层面,成立新型智慧城市建设部际协调工作组,由国家发展改革委、中央网信办、工业和信息化部等多个国务院部门组成,负责从国家层面统筹协调推进新型智慧城市建设。地方层面,多数直辖市、副省级城市、地级市、县级市在推进智慧城市建设过程中,均成立了智慧城市推进领导小组,统筹领导全市智慧城市战略规划和重大项目建设,促进基础设施和基础资源的统建共享。例如,上海市较早成立了上海市智慧城市建设工作领导小组,2019年7月,又将上海市智慧城市建设工作领导小组、上海市智慧公安建设领导小组、上海市推进无线城市建设联席会议、上海市光纤到户工作推进联席会议、上海市三网融合工作协调小组等合并，成立了上海市智慧城市建设领导小组，进一步加强智慧城市建设统筹，该领导小组由上海市委副书记、市长任组长。为了统筹推进智慧城市，加强智慧城市顶层设计，上海市先后发布了《上海市推进智慧城市建设2011—2013年行动计划》、《上海市推进智慧城市建设"十三五"规划》、《上海市推进智慧城市建设行动计划（2014—2016）》和《关于进一步加快智慧城市建设的若干意见》等政策文件。

2. 创新规划建设和推进运营机制

各地在推进智慧城市建设过程中不断创新智慧城市规划建设和推进运营等机制，促进智慧城市持续健康发展。较多地方，尤其是地级市和县级市为了统筹智慧城市项目建设，依托地方城市投资发展公司，成立了智慧城市平台公司，负责资源城市重大项目的规划、投资、建设和运营。城市投资发展公司在城市资产运营方面具有显著优势，城市市政基础设施基本由城市投资发展公司全资、控股，城市投资发展公司相对其他单位更有优势进行智慧城市的管理和运营。考虑到智慧城市建设和运营会涉及专业性技术，智慧城市平台公司一般不直接负责智慧城市项目建设和运营，而是跟外部专业公司合作成立相关的项目建设和运营公司。

（八）智慧城市建设制度体系不断健全

1. 加强智慧城市发展制度建设

许多地方为了促进智慧城市健康发展，不断健全智慧城市规划、投资、建设、运营等相关制度。例如，2016年，银川市出台了智慧城市地方法规《银川市智慧城市建设促进条例》，从发展规划、信息基础设施共享、信息采集共享、应用推广措施对智慧城市发展做了规范。为了促进与规范城市大脑赋能城市治理工作，2020年，杭州市出台了《杭州城市大脑赋能城市治理促进条例》，提出城市大脑赋能城市治理工作应当遵循统筹规划、集约建设、便民惠企、创新推动、整体智治和安全可控的原则，明确了城市大脑的范畴、定位和功能，并对政府和部门职责进行了规定，从制度层面防止重复建设、资源浪费。北京市海淀区发布《海淀城市大脑总体规划（纲要）》，从规则、机制、模式的设计等方面进行详细论述，引导城市大脑动态生长和持续演进。2021年，海口市出台了《海口市智慧城市促进条例》，明确了市、区人民政府应当加强对智慧城市建设工作的统一领导，建立健全组织协调机制，研究部署智慧城市建设中的重大事项，统筹解决重大问题。

2. 加强智慧城市安全保障体系建设

智慧城市涉及各类大系统、大平台和大数据，较多系统停止运行会给城市运行带来重大的影响，为了保障智慧城市安全运营，较多地方加强了智慧城市安全保障体系建设。2019年，重庆市合川区人民政府与360政企安全集团共同建设重庆城市安全大脑，借助360政企安全集团的领先技术与海量安全大数据优势，对重庆市区两级的数据资源管理部门以及政府、企业、运营商、教育、医疗、电力等近百家单位的业务场景进行了集中监控和管理，打造以数据为核心的城市安全能力体系，实现城市网络安全的联防联控，提升城市安全检测和防护能力。目前，"重庆合川模式"已经被成功复制到天津、青岛、鹤壁、苏州、郑州、上海等城市的安全基础设施建设和运营中。

三、发展趋势

（一）城市大脑将成为城市运转中枢

1. 数字化战略将加速推动城市大脑全面落地

随着技术的成熟和企业及地方建设实践的不断进步，数字城市建设成为我国"十四五"期间推动经济社会发展的重要战略，顶层设计加速完善，多项政策支持城市大脑建设全面落地。国家"十四五"规划和2035年远景目标纲要明确提出以数字化助推城乡发展和治理模式创新，构建城市数据资源体系，推进城市数据大脑建设。2021年5月，国家发展改革委、中央网信办、工业和信息化部、国家能源局联合发布《全国一体化大数据中心协同创新体系算力枢纽实施方案》，指出"深化数据智能应用。开展一体化城市数据大脑建设，为城市产业结构调整、经济运行监测、社会服务与治理、交通出行、生态环境等领域提供大数据支持"。2020年12月，《关于加快构建全国一体化大数据中心协同创新体系的指导意见》发布，该意见提出到2025年，全国范围内形成一批行业数据大脑、城市数据大脑，全社会算力资源、数据资源向智力资源高效转化的态势基本形成，数据安全保障能力稳步提升，推动行业数字化转型升级。上海、浙江、广东、贵州、湖南等全国各区域、多省市均推出城市大脑建设方案，加快推进集数据收集、运行分析、决策参考为一体的城市大脑建设。作为数字城市治理的重要支撑，城市大脑以海量数据和丰富的应用场景为抓手，以国家政策为指引，在"十四五"期间将加速落地，助推国家数字化转型战略纵深发展，促进数字经济与实体经济深度融合，提升城市运行管理服务水平和城市治理现代化能力。

2. 标准化和因地制宜的城市大脑建设推动千城千脑协同联动

经过5年的实践，全国城市大脑建设已初步形成规模，各类行业大脑、地区大脑已在单一城市细分领域治理初见成效。未来，标准化、一体化，跨部门、跨区域，融数据，覆盖省、市、区县、乡镇不同层级协同联动的治理体系将成为城市大脑建设的新趋势。统一的城市大脑数据平台建设标准将明确数据交换流程，避免资源浪费、重复建设，打通城市神经网络，促进数据要素高效配置，推动千城千脑协同联动提高城市治理效能。同时，我国东、中和西部地区在城市规模、经济基础、人口基数、生态环境、产业结构等方面存在较大差异，在基础设施标准化建设以打通数据跨区域流通的基础上，城市大脑建设需要考虑各地实际情况，因地制宜设计适合本地发展的中枢平台，科学结合城市静态结构和动态发展需求，扩大地区优势，弥补客观短板，推动城市大脑个性化、精细化建设。

3. 城市大脑推动城市治理集约化发展

在城市日常管理方面，城市大脑以开放、共享的大数据平台为基石，汇聚城市视频前端采集资源，对接社区物联网终端，通过大规模数据收集和样本分析构建城市运行模型，在空气质量监测、交通拥堵管理、垃圾清运等城市基础问题上以数据要素资源为支撑，打造集约高效的城市治理模式。在自然灾害、瘟疫等重大灾情方面，城市大脑连通城市各大医院和救助场所，实现医疗资源"一网统管""一网共享"，确保重大疫情灾害提前防范、突发事件迅速响应、灾后重建妥善有序。在市民服务方面，城市大脑汇聚"12345"、110、120等城市应急热线，融合政务服务终端、便民服务驿站、警务机器人等服务平台，构建面向细分对象的个性化、网格化市民服务体系，将各级政务与市民服务有机结合，通过平台化管理，打通城市信息壁垒，在安全和保护隐私的前提下，提高市民服务质量。

4. 城市大脑助力前沿关键技术国产化

城市大脑以人工智能、云计算、大数据、物联感知等前沿技术为支撑，汇聚海量数据，构建数据存储平台、数据分析平台、应急响应平台等关键基础设施，对图像识别、大数据清洗、算法等多种关键技术提出高要求，推动核心技术、关键设备国产化比例提升。通过城市大脑生态建设，从操作系统到应用软件逐层推进中枢平台网络安全保障，深度推广5G、云计算、人工智能、神经网络构建等技术国产化发展，提升国产技术国际竞争力。2021年4月，国务院发布《关键信息基础设施安全保护条例》，明确要求保障重要行业和领域数据安全，进一步带动关键技术国产化的发展，推动城市大脑的完全国产替代建设，从政策层面推动城市大脑支撑技术实现全面国产化。

（二）数字孪生技术加速构建智慧城市新框架

1. 数字中国多项规划政策大力推广数字孪生技术

国家"十四五"规划和2035年远景目标纲要提出要强化数字孪生技术研发和创新突破，加强与传统行业深度融合发展，积极完善城市信息模型平台和运行管理服务平台，加快推进城市信息模型（CIM）平台建设，以因地制宜为原则探索建设数字孪生城市。《"十四五"国家信息化规划》提出打造互联、开放、赋能的智慧中枢，完善城市信息模型平台和运行管理服务平台，探索建设数字孪生城市。《"十四五"数字经济发展规划》强调深化新型智慧城市建设，推动城市数据整合共享和业务协同，提升城市综合管理服务能力，因地制宜构建数字孪生城市。《"十四五"信息化和工业化深度融合发展规划》《"十四五"智能制造发展规划》《"十四五"工业绿色发展规划》等多个行业领域规划均提出探索数字孪生应用场景，推进数字孪生技术与人工智能、大数据、物联网等前沿技术融合，构建新型数字城市发展新框架。

2. 数字孪生技术推动城市治理一体化、精细化发展

依托知识机理、物联感知、深度计算构建虚拟模型，数字孪生将物理城市中的人、物、事件、建筑、道路等活动要素和基础设施反射到数字世界，让物理世界和数字世界一体化协同，通过全息感知、全局洞察和虚实交互实现对城市的可视化管理。在协助城市治理全局把控的基础上，数字孪生技术通过模拟不同细分领域虚拟场景分析潜在影响，预判风险因素，

例如，三维模拟大型体育场馆以检测大型活动的人流承载能力和突发事件调控能力；虚拟数字孪生工厂可实现对生产流程的实时监测，降低运营成本，提高产出效率。通过虚拟场景对各类紧急情况进行提前演练，在虚拟演练过程中改进操作流程，优化资源分配，调整管理策略，数字孪生促进城市治理精细化、一体化、数字化发展，增强城市应对风险的灵活性和韧性。

3. 数字孪生赋能社会千行百业

数字孪生推动商品生产和服务个性化发展。数字孪生技术将来自不同系统的数据汇聚到一个统一的交互式可视化界面，实现对商品排产、生产工艺、工序流转、物料管理、质量检查和订单发货的全生命周期信息化可视化追踪，结合海量数据计算和市场需求，合理布局企业资源，对生产做出指引，大幅提高产品生产效率和个性化定制，降低生产能耗和商品退货率，贴近用户需求，提高服务准确性。数字孪生推动物流行业高效流通。以大数据和人工智能为依托，通过场景模拟测试，数字孪生供应链突破传统供应链的响应速度和成本瓶颈，推动调度、运营、分销等多环节协作，有效连通供应链上下游，探索比对不同路线成本，基于数据驱动进行精细管理和智能决策，实现供应链的高效、低碳运行。

（三）人工智能打造智慧城市基座

1. 人工智能促进城市治理智能感知

在城市安全方面，依托智能终端设备、大数据、云计算和图像识别技术，人工智能连通城市数字基础设施与城市治理中枢平台，高速筛选并判断视频图像信息，全天候实时监测交通流量、检测可疑威胁，构建智能感知的城市安防、交通监管体系。在政府数字化方面，人工智能以其机器学习、深度学习和自然语言处理能力为基础，发挥"感应""思考""代理"

作用，提升政府感知能力，提高决策质量，打造平台型数字政府。人工智能汇聚并过滤海量数据，提取有效信息构建决策辅助机制，提升政务决策精准化和精细化程度。通过自动化处理和持续学习，替代自然人处理大量常规性业务，依托深度学习算法，自动改进业务流程，提升政务服务效率，缓解政务服务人手不足的压力。

2. 人工智能助力产业智能化升级

随着人工智能技术的成熟，智能化成为产业升级的关键抓手，智能制造、智慧物流、智慧农业、智慧医疗、智慧教育、智慧文旅等多领域以人工智能为引擎，推进数字化转型。在智能制造方面，通过人工智能技术与机械制造设备相结合，形成"硬件＋软件＋网络"三位一体的新型制造生产模式，提升制造系统生产效率和产品竞争力。在物流方面，依托感知、判断和自动修复能力，人工智能推进智慧物流实现高效分拣抓取和无人货物配送，为用户带来精准快捷的服务体验。在农业方面，农务机器人的普及应用极大地解决当前农村人口流失、人手不足问题；机器学习算法推动农药化肥计量科学配置；无人机技术对农田、森林、鱼塘进行全方位跟踪；人工智能帮助减少农业产业的人力、物力和财力投入，在人口城镇化迁移的趋势下保障农业产能稳定提升。在医疗、教育方面，人工智能结合5G、云计算、物联网等技术，通过"用户友好"的交互方式，辅助病人与医生、学生与老师进行远程互动，提高远程诊断和远程学习的精确度和效率，在缓解资源紧张、促进医疗和教育公平等方面发挥重要作用。在文旅方面，人工智能一是协助解决景区动态监测、信息监管、人流引导、安全预警等监管需求，二是推进小程序云游模拟、景点自动讲解、场景沉浸式体验等应用需求，推动文旅资源与日益多样化、个性化的市场需求高效对接，实现线上线下相结合的多维度文旅服务。

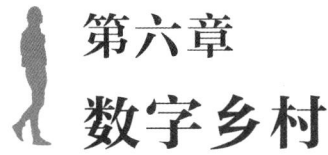

第六章
数字乡村

数字乡村是伴随网络化、信息化和数字化在农业农村经济社会发展中的应用，以及农民现代信息技能的提高而内生的农业农村现代化发展和转型，既是乡村振兴的战略方向，也是建设数字中国的重要内容。随着网络化、信息化和数字化在农业农村发展中的广泛应用，数字乡村建设将持续释放数字红利，成为建立乡村现代化经济体系、现代乡村社会治理体系、开启城乡融合发展和现代化建设新局面的重要抓手。

一、重要意义

（一）提升农业农村现代化水平

1. 以模式变革破解乡村资源要素瓶颈[①]

一是数字乡村建设通过数字化手段重构土地要素管理模式，以大数据赋能乡村土地要素高效管理，有助于盘活土地资产，激发乡村活力，促进农村土地资源高效利用。二是数字乡村建设通过"互联网+农技推广"和线上专家服务，高效提升乡村劳动力现代农业技能，吸引并促进数字化人才返乡入乡，带动农民数字素养提高，推动乡村人才数字化转型，为农业农村现代化提供有效助力。三是数字乡村建设以社会多维数据重构乡村金融信用体系，以数字化手段实现乡村资产数字化管理，有助于盘活乡村资产资源，提升乡村金融供给能力。四是数字乡村建设通过数字技术与农业农村场景的深度融合，不断丰富乡村科技创新供给，提升乡村数字化服务运营能力，有助于为数字乡村发展提供持续动能。五是数字乡村建设全体系构建乡村数据要素，为农业农村现代化提供重要引擎。

---

① 中国联通：《2021年数字乡村白皮书》，2021。

2. 以数字化转型重构乡村生产关系

当前农村产业发展存在产业体系较为分散、文农旅综合发展意识相对薄弱、信息不融通从而导致全产业链统筹管理能力不强等制约因素，掣肘乡村产业发展。数字乡村建设以数字化手段打破信息屏障，重构产业链协同机制，有助于推动乡村现代产业体系数字化转型，从而构建新型产业关系，以产业兴旺带动乡村全面发展。

3. 以数字赋能构筑乡村发展新动能

以 5G、物联网、大数据、人工智能、区块链、3S、VR/AR 等为代表的新一代信息技术和数字技术正逐步应用于数字乡村，对加快农业农村现代化发展起到了巨大的推动作用。未来，数字技术将更深入地与农业农村各个场景深度融合，这是数字乡村建设的主旋律。

> **》》数字技术在农业农村领域的融合应用场景**[①]
>
> 1. 5G
>
> 5G 的大连接、低时延、高带宽等特性，满足农业农村高密度数据监测、高实时性农业农村数字场景需求，能够支撑农业产业发展、乡村治理中的大带宽场景需求，从技术上保障乡村万物互联。主要应用场景有环境监测、农机自动驾驶、设备控制、视频监控、直播带货、平安乡村以及农事服务网络体系搭建等。
>
> 2. 物联网
>
> 物联网传感器能够搭建精细化种养环境，物联网技术助力打造智慧农产品冷链系统、有利于人居环境高效治理，将保障智能感知网络的构筑。主要应用场景有气象环境监测、土壤/养殖环境测控、畜禽状态监测、冷链物流温湿度以及货物状态监测、溯源数据采集、人居环境监测以及应急广播等。

[①] 中国联通：《2021 年数字乡村白皮书》，2021。

3. 大数据

大数据技术释放数据要素价值，实现精准种养、支撑产业监管，助力农产品供需精准对接，为农业农村部门科学决策提供有力保障。主要应用场景有作物生产模型构建、科学生产决策、产量预测、气象预测、养殖场高效管理、精细养殖、渔船作业状态/航次/捕捞强度评估、消费分析、产销对接、乡村人员信息管理、政府科学决策、农保灾害记录等。

4. 区块链

区块链技术重塑信任关系，实现农产品全流程可追溯，保障农险数据真实留痕。主要应用场景有农产品全流程溯源、"阳光村务"、农险数据真实留痕等。

5. 人工智能

人工智能助力种养殖智能生产，推动农产品质量与品质无损检测，并能结合视频监控实现重点特殊人群管理，从而强化精准决策。主要应用场景有种子筛选、科学播种、土壤分析、病虫害识别、气象预测、视频称重、智能盘点、精准饲喂、精准环控、品质/质量无损检测、平安乡村等。

6. 3S

3S技术助力乡村立体感知，支撑作物长势监测、产量与病虫害预测以及农业保险精准快速验标定损，高效提升乡村治理能力。主要应用场景有种植面积测算、农作物长势监测、产量预测、病虫害预测、渔船分布等信息采集、田长制推行、宅基地管理、农险灾害评估等。

7. VR/AR

VR/AR技术增强交互性和沉浸式学习培训体验，VR原产地直播带货成为农产品营销新模式。主要应用场景有农旅融合沉浸式展示、直播带货、电商销售、乡村党建、农业知识科普及培训等。

（二）驱动乡村振兴取得新进展

1. 提升乡村经营的综合效益

数字乡村顺应新发展阶段农业农村高质量发展的要求，立足农业农村资源，推进数字技术与农业产业深度融合，延长产业链、完善供应链、提升价值链，以有限的土地、水资源，越来越稀缺的劳动力实现效益最大化。数字技术驱动农业生产、经营、流通、管理、服务等全产业链的数字化转型，形成以数据为驱动的覆盖农业产前、产中和产后全流程的产业闭环，推动实现精准科学生产、供需有效对接、数字化全程管理，进而带动一二三产协同融合发展，衍生乡村旅游、休闲康养、特色小镇等新模式、新业态，推动实现农业农村高质量发展，提升乡村经营综合效益。

2. 完善和优化基层治理体系

由于乡村治理缺乏有效的、可信的治理工具和管理手段，导致信任机制缺失，治理效率不高，一些地区甚至出现集体决策事项上推下卸、监督考核泛滥、凡事要求工作留痕、下级慢作为不作为、服务效能不高、治理决策科学性不高等现象。数字乡村建设运用数字技术、理念、模式实现乡村治理数字化转型，有助于提升乡村治理精细化、专业化水平，推动乡村治理能力现代化。

3. 构建数字化美丽乡村新图景

数字乡村建设有利于深入普及数字技术在美丽乡村建设中的重要作用，有利于优化村庄布点规划、更新村庄风貌，有利于守牢永久基本农田、生态环保红线、城镇开发边界"三条红线"以及提标提质厕所、垃圾、污水"三大革命"，从而为山、水、林、田、路、房"六度空间"的改进提升提供驱动力。数字乡村建设通过积极推广绿色农业生产方式、倡导乡村绿色生活方式、提升乡村生态保护信息化水平等，以数字技术赋能促进乡村绿色可持续发展。

4. 提升农民的品质化生活体验

数字乡村建设以数字技术为抓手，不断提升信息基础设施和数字化能力，助力缩小城乡差距，实现在教育、医疗、文化等民生领域的公平化，让数字发展红利真正惠及广大农民。此外，数字技术在提升农民数字素养、激发数字化建设内在活力、改善乡村人居环境、促进公共服务均等化等方面发挥着重要作用，将助力提升农民体验、创造高品质生活。

> **》数字乡村建设助推乡村振兴的应用场景**[①]
>
> **1. 农业生产智能化**
>
> 在生产环节，传统农业生产受自然环境的影响较大，"靠天吃饭"的现象比较普遍。通过数字乡村建设，运用数字化信息技术，对传统农业全产业链进行改造提升，并结合科学的管理制度，大力发展智慧农业，以提高农业全要素生产率。在作业环节，智能催芽、智能灌溉、测土配方施肥等大田种植作业模式普遍应用，网络选育、饲料精准投喂、废弃物循环处理等畜禽水产养殖技术和设备广泛推广；在监测环节，广泛使用各类个体感知、环境监测农业物联网设备，温度、湿度、光照度、土壤含水量等数据通过有线或无线网络传递给数据处理系统；在监控环节，充分利用在轨卫星、地面移动式监测平台、高低空无人机遥感等资源，用户在任何时间、任何地点通过上网终端对农作物生长进程进行远程监控；在数据分析环节，系统将采集到的数值通过报表等直观的形式向用户呈现，并对历史数据进行存储，形成知识库，以备随时进行处理和查询。

---

① 王胜、余娜、付锐：《数字乡村建设：作用机理、现实挑战与实施策略》，《改革》2021年第4期。

2. 农村流通高效化

与工业产品相比，大多数农产品具有季节性、区域性、易腐性等特点，而传统农产品流通一般会经过生产者、经销商、批发市场、超市等多个中间环节，存在流通组织化程度低、流通环节多、损耗大、成本高、信息不对称等问题。数字技术为解决上述难题提供了技术支撑。以互联网和信息技术为支撑的线上信息平台，将农产品流通过程中的农户、中间批发商、经销商等连接起来，使农产品市场信息能快速准确地传达到各个节点，提高了农产品供应环节的透明程度，降低了流通环节的交易成本。基于大数据智能算法的多种类电商平台不仅能够降低中间商带来的流通与价值损耗，扩大农产品的交易规模，形成规模效应，而且有助于进一步开发农产品的市场潜力。智慧冷链物流对生鲜农产品流通实施全程温控，确保产品品质，大幅降低了产品损耗。电子商务进农村综合示范继续推进，通过网络直播、微商、社群等推动了农产品营销的快速迭代，同时也增加了农产品的流通效率。

3. 社会治理精准化

由于乡村村域广、人口多，乡村治理涉及面广、事多、量大，管理压力大，并存在找人难、传递信息难、办事烦琐等问题，传统基层治理面临村民参与治理程度低、决策有失科学性、治理忽略时效性等挑战。数字乡村建设是乡村治理数字化的助推器。通过信息化手段感知农村社会态势、畅通沟通渠道、辅助科学决策，加强农村资产、资源、生态、治安等领域的精准管理，推动信息化与乡村治理体系深度融合，实现乡村治理精准化；利用大数据进行精准施策，实现对乡村全范围、全领域的治理；基于数字化手段可以精准预测治理问题，促使基层干部科学决策并高效处理村民的实际诉求；引入先进科技，实现治理数字化转型，创新治理模式，提升治理能力；实行电子村务基层治理逐渐由单向度转为双向度、多向度，农村的民主自治建设能力不断得以加强。

4. 生活形态智慧化

数字乡村建设不仅有助于实现农业生产智慧化，而且有助于实现农民生活智慧化，满足亿万农民对美好生活的需要。数字技术为农民生活形态赋能，网络在乡村应用场景不断扩大，集中体现在就医、购物、社交、交通出行等农村生活的方方面面。通过数字乡村建设，互联网在农村日益普及，村民通过计算机、手机上网获取信息已逐渐成为常态；基于"互联网＋"战略建立的"互联网＋党建""互联网＋政务"等新模式实现乡村服务"一门式办理""一站式服务"；政府建立政务公开平台，推进更多涉农服务事项网上办理，提升在线办理效率，让数据替农民多跑腿，使广大农民像城市居民一样全面享受良好的公共服务和生活便利；信息技术类企业积极开发各类便民应用程序，为农民提供诸如智慧医疗、智慧教育、智慧交通、智慧党建、数字社会保障、数字文化娱乐等智慧化生活服务。

5. 文化观念现代化

在数字乡村建设背景下，农民可利用平台接触更多的外界信息，学习现代信息技术，这有助于缩小城乡数字鸿沟，提升农民数字化素养，改变农民的生产、消费、就业等观念。长期以来乡村文化建设滞后、乡村文化自信缺失等问题已成为制约我国乡村发展的重要因素。国家数字乡村战略的实施，对于繁荣乡村网络文化、打造充满文化自信的新农村具有重要的意义。数字文化具有传统传播媒介不可比拟的优势，拓展了乡村文化的内涵和外延，突破了乡村文化资源的局限，促进了乡村文化与经济的全面融合。

（三）助力打造城乡一体化融合新局面

1. 缩小城乡信息基础设施建设差距

数字乡村建设有助于各项数据全面入网，打造相对贫困地区基础设施数据共享、协同高效、智能运行的资源信息数据库，并精准识别不同类型地区基础设施的差别，聚焦相对贫困地区关键领域和薄弱环节，着重提高基础设施的供给质量和供给效率，从而逐步缩小城乡信息基础设施建设差距。

2. 推动城乡资源配置的统筹优化

数字乡村建设有利于以信息流带动技术流、资金流、人才流、物流向农村地区集聚，优化配置乡村之间、城乡之间的劳动力、资本、土地、技术、数据等生产要素，为乡村发展注入新动力、提供新路径。2021年中央一号文件把县域作为城乡融合发展的重要切入点，要求加快打通城乡要素平等交换、双向流动的制度性通道。随着以县域作为载体推进县乡村功能衔接互补、一体化治理的步伐加快，数字乡村建设使得城乡传统的物理空间向数字空间延展，数字技术以信息流带动各类要素在城乡之间自由流动，成为破解城乡"二元结构"、推进城乡融合发展、实现高效能治理的重要驱动力量。

3. 促进城乡基本公共服务均等化

随着"互联网+党建"工作的推进，基层组织信息化治理能力将大大加强，党务、村务、财务将实现网上公开，社情民意畅通，地方政府和基层党组织的服务能力将大幅提升，决策效率和效力显著增强。随着"互联网+教育""互联网+医疗""互联网+便民服务"工作的推进，农民盼望已久的信息社会将深入民生领域，互联网、大数据、人工智能在乡村就业、社保、文化、旅游、社会治安等领域被广泛应用。随着"天空地一体化"立体监测技术在智慧绿色乡村建设工作中的实施，乡村山水林田湖草数字化监管将成为现实，乡村人居环境将进一步数字化、绿色化，数字美丽乡村将成为当前城市居民向往的美丽家园。

4. 推动县乡村的联防联动和群防群控

贯彻落实《新冠肺炎疫情社区防控工作信息化建设和应用指引》，部分地区融入数字化管理新理念,统筹推进基层社会治理和便民服务有机融合,积极搭建数字乡村联防联控平台或智慧乡村信息平台,利用布点到村的智能监测站,构建起乡村疫情防控管理系统,全天候、全方位、全场景监测乡村疫情防控情况,为乡村疫情防控提供有效支撑,同时依托线上订购、线上线下联动、推广使用健康码等多渠道、多元化信息服务,为疫情期间农村居民生活所需提供有效保障。2022年中央一号文件明确指出"突出实效改进乡村治理",要求"健全农村新冠肺炎疫情常态化防控工作体系,严格落实联防联控、群防群控措施"。数字乡村建设将促进城乡规划一体化、公共服务一体化、就业市场一体化、社会管理一体化,从而利于统筹、协调城乡资源,以数字技术助力公共卫生、疫情防控工作,打通防疫"最后一公里",推进县乡村的联防联动和群防群控。

二、发展现状

(一)统筹实施数字乡村战略格局逐步形成

1. 中央一号文件连年部署,明确数字乡村建设重点任务

自2018年以来,中央一号文件连续五年提及数字乡村建设。2018年中央一号文件《中共中央 国务院关于实施乡村振兴战略的意见》对实施乡村振兴战略进行了全面部署,首次提出要实施数字乡村战略。2019年中央一号文件《中共中央 国务院关于坚持农业农村优先发展做好"三农"工作的若干意见》,再次明确提出实施数字乡村战略,要求"深入推进'互联网+农业',扩大农业物联网示范应用。推进重要农产品全产业链大数据建设,加强国家数字农业农村系统建设。继续开展电子商务进农村综合示范,实施'互联网+'农产品出村进城工程。全面推进信息进村入户,依托'互联网+'推动公共服务向农村延伸"。2020年中央一号文件《中共

中央　国务院关于抓好"三农"领域重点工作确保如期实现全面小康的意见》明确提出开展国家数字乡村试点。2021年中央一号文件《中共中央　国务院关于全面推进乡村振兴加快农业农村现代化的意见》要求"实施数字乡村建设发展工程",并指出农村信息基础设施、智慧农业、乡村公共服务、社会治理等数字化升级方向。2022年中央一号文件《中共中央　国务院关于做好2022年全面推进乡村振兴重点工作的意见》要求"大力推进数字乡村建设",除了专节论述,在重要农产品供给、现代农业基础支持、乡村治理等章节也多次提及信息技术的应用。数字乡村已成为切实支撑乡村振兴的重要战略方向,随着城镇化的加快推进以及智慧城市建设重心下沉,数字乡村建设逐渐走进深水区。

2. 多部委联动、协同发力,加快数字乡村建设推进速度

2019年5月,中共中央、国务院出台的《数字乡村发展战略纲要》,明确数字乡村的定义、数字乡村建设时间阶段以及不同阶段的建设目标。该纲要提出,要明确加快乡村信息基础设施建设、发展农村数字经济、强化农业农村科技创新供给、建设智慧绿色乡村、繁荣发展乡村网络文化、推进乡村治理能力现代化、深化信息惠民服务、激发乡村振兴内生动力、推动网络扶贫向纵深发展、统筹推动城乡信息化融合发展等十大任务。

2021年9月,中央网信办、农业农村部、国家发展改革委、工业和信息化部等多部门联合制定的《数字乡村建设指南1.0》发布,为全国推进数字乡村建设绘制出总体"施工图",数字乡村建设全面铺开。2021年12月,国务院印发《"十四五"数字经济发展规划》,首次将智慧城市与数字乡村建设并列提出,要求"统筹推动新型智慧城市和数字乡村建设"。

2022年1月,中央网信办、农业农村部、国家发展改革委、工业和信息化部、科学技术部、住房和城乡建设部、商务部、国家市场监管总局、

国家广播电视总局、国家乡村振兴局十部门印发《数字乡村发展行动计划（2022—2025年）》，立足我国"三农"工作重心历史性转向全面推进乡村振兴的发展形势，对"十四五"时期数字乡村发展作出部署安排，提出数字基础设施升级、智慧农业创新发展、数字治理能力提升等8个行动与26项任务，涉及从自然资源三维立体"一张图"、天空地一体化农业观测网络，到智慧农业、农产品电商发展、农村新业态培育、"互联网+"数字治理与公共服务等十分丰富的应用场景，为各地区、各部门推进数字乡村工作提供重要指引。近几年出台的关于数字乡村的政策文件，如表6-1所示。

表6-1 近几年数字乡村主要政策

发布时间	发布主体	文件名称	关键词
2018年	中共中央 国务院	《乡村振兴战略规划（2018—2022年）》	农业农村现代化、数字乡村战略、数字农业
2019年	中共中央 国务院	《中共中央 国务院关于坚持农业农村优先发展做好"三农"工作的若干意见》	数字乡村战略
2019年	中共中央办公厅、国务院办公厅	《数字乡村发展战略纲要》	数字乡村、农业农村现代化
2019年	中共中央 国务院	《关于加强和改进乡村治理的指导意见》	乡村治理、乡村公共服务、乡村公共管理、公共安全保障
2020年	中共中央 国务院	《中共中央 国务院关于抓好"三农"领域重点工作确保如期实现全面小康的意见》	数字乡村试点
2020年	农业农村部、中央网络安全和信息化委员会办公室	《数字农业农村发展规划（2019—2025年）》	数字农村目标、农业数字经济、农业大数据平台、农业人工智能等
2020年	中央网信办、农业农村部、国家发展改革委、工业和信息化部	《关于引发〈2020年数字乡村发展工作要点〉的通知》	数字乡村目标
2020年	中央网信办、农业农村部、国家发展改革委、工业和信息化部、科学技术部、国家市场监管总局、国务院扶贫办	《关于开展国家数字乡村试点工作的通知》	国家数字乡村试点

续　表

发布时间	发布主体	文件名称	关键词
2021年	中共中央　国务院	《中共中央　国务院关于全面推进乡村振兴加快农业农村现代化的意见》	农业农村现代化、数字乡村
2021年	农业农村部	《全国农业农村信息化示范基地认定办法》	生产型示范基地、经营性示范基地、管理型示范基地
2021年	农业农村部	《2021年乡村产业工作要点》	农村电商、数字农业、智慧农业
2021年	中央网信办秘书局、农业农村部办公厅、国家发展和改革委员会办公厅、工业和信息化部办公厅、科学技术部办公厅、国家市场监督管理总局办公厅、国家乡村振兴局综合司	《数字乡村建设指南1.0》	数字乡村架构
2022年	中央网信办、农业农村部、国家发展改革委、工业和信息化部、科学技术部、住房和城乡建设部、商务部、国家市场监管总局、国家广播电视总局、国家乡村振兴局	《数字乡村发展行动计划（2022—2025年）》	8个行动26项重点任务

3. 地方积极探索、勇于实践，创新乡村数字化转型模式

（1）建设方向[①]

随着中央一号文件的发布、"国家乡村振兴局"的正式挂牌，中央层面通过振兴乡村，开启城乡融合发展和数字乡村建设的新局面，各省也纷纷发力，制定规划计划，对数字乡村工作进行系统部署。

省级层面：江苏省出台《关于高质量推进数字乡村建设的实施意见》要求"深度覆盖4G网络，智能化改造乡村基础设施"；浙江省公布《浙江

---

① 农业行业观察：《从中央到地方，数字乡村政策及规划一览》，网易，2022年5月13日。

省数字乡村建设实施方案》，锚定数字乡村建设"总线路"；广东省印发《广东省贯彻落实〈数字乡村发展战略纲要〉的实施意见》，要求以点带面深入推进数字乡村发展，还制定《广东省数字乡村发展试点实施方案》，确定10个试点县20个试点镇；广西壮族自治区印发《广西加快数字乡村发展行动计划（2019—2022年)》，提出到2022年初步建成与新时代相适应的数字乡村新生态；四川省印发《四川省落实〈数字乡村发展战略纲要〉重点任务分工方案》，明确了11个大项77个小项的重点任务，涉及宣传、网信、发展改革、教育、文化和旅游等50多个部门；河南省印发《关于加快推进农业信息化和数字乡村建设的实施意见》，提出用3~5年时间推动全省农业信息化和数字乡村建设取得重要进展，力争走在全国前列；云南省印发《关于加快推进数字乡村建设的实施意见》，提出"推进农业数字化转型"；湖南省印发《湖南省数字乡村发展行动方案（2020—2022年)》，提出到2022年，数字乡村建设取得明显成效。4G网络实现自然村（20户以上村民小组或聚居寨）全覆盖，5G应用更加普遍，自然村（20户以上村民小组或聚居寨）光纤通达率达到70%，有条件的农村具备100兆以上接入能力，有线广播电视网连通所有行政村；辽宁省印发《辽宁省数字乡村发展规划》，提出到2025年年底，乡村数字经济稳步提升，乡村4G深化普及、5G创新应用，农村互联网普及率超过80%，农业数字经济在农业增加值中的占比达15%；陕西省印发《陕西省加快数字乡村发展三年行动计划（2020—2022年)》，提出到2022年4G网络覆盖率达到100%；河北省推进数字红利加速向乡村溢出，拟确定10个左右的县（市、区）开展数字乡村建设试点。

市（区）级层面：杭州市着力打造数智乡村新标杆；临安区提出"数字乡村与城市大脑协同融合，数字乡村建设走在全省前列"；郑州市要求加快推进农业信息化和数字乡村建设；潍坊市规划到2025年，城乡数字鸿沟明显缩小；迪庆藏族自治州则着力推进"快递下乡进村"工程，提高邮政快递末端服务能力和水平。

（2）建设重点

《数字乡村发展战略纲要》将乡村分为集聚提升类、城郊融合类、特色保护类和搬迁撤并类等四种类型，如表6-2所示。不同类型村庄结合自身实际，合理规划数字乡村建设内容。

表6-2 不同类型乡村的数字乡村建设重点

乡村类型	乡村特征	数字乡村建设重点
集聚提升类	现有规模较大的中心村和其他仍将存续的一般村庄，占乡村类型的大多数	全面深化网络信息技术应用，从产业、生态、人居环境等多方面实现村庄的振兴发展，培育乡村新业态
城郊融合类	城市近郊区以及县城城关镇所在地的村庄，具备成为城市后花园的优势，也有向城市转型的条件	需要着力发展数字经济，不断满足城乡居民消费需求；加快城乡产业融合发展，实现基础设施互联互通和公共服务共建共享；推动"互联网+社区"向农村延伸，提高基本公共服务均等化水平，满足乡村居民不断提升的生活服务和消费需求；此类村庄的数字乡村建设应与智慧城市一体设计、同步实施
特色保护类	一些具有历史文化的村庄、具有特色旅游资源的村庄以及部分少数民族特色村寨	需要发掘独特资源，建设互联网特色乡村；推进传统特色基础设施智能化升级，发掘独特的文化和自然景观资源，推进乡村特色资源的数字化开发利用和保护；推进"互联网+"，通过"互联网+文旅"等建设
搬迁撤并类	位于生存条件恶劣、生态环境脆弱、自然灾害频发等地区的村庄，因重大项目建设需要搬迁的村庄以及人口流失特别严重的村庄	对拟迁入或新建村庄的信息基础设施与道路、住宅等同步规划、设计、建设，避免形成新的数字鸿沟

(3) 建设模式

鉴于不同乡村发展特点和先天资源禀赋差异，各个地区数字乡村建设特征迥异，目前国内数字乡村建设实践众多，大体来说，如表6-3所示。可以分为两个类型，即智慧产业驱动型和管理服务赋能型。

表6-3 数字乡村典型实践与建设模式

典型区域	建设模式	亮点内容
北京市怀柔区	高频事项牵引的"代办+线上办"	梳理涉农事项代办清单，打造全天候代办队伍，为农村居民代办101个高频事项，在信息化程度相对较低的农村地区实现便民服务零距离；在代办队伍组建、服务质量以及办事流程上，区、镇、村三级联动的互动优化模式，实现"足不出村"办政务
上海市松江区	"1+5+X"多元化推动公共服务下移到乡村	构建"好邻居"服务体系，打造"15分钟生活区"，推动养老、医疗、教育、文体、社会等服务多元化供给，将公共服务延伸至乡村；在镇街层面，推进社区服务中心建设，构建了村居层面"1+5+X"优化服务模式，即1个受理服务厅、5间基础服务室，X项特色服务项目
杭州市临安区	"1225N"提升产业服务和公共治理水平	杭州市临安区是浙江省唯一同时开展国家数字乡村试点和"互联网+"农产品出村进城工程试点的地区；构建数字乡村"一张图"，打造数字乡村数据中心和数字乡村应用支撑中心，搭建数字化产业服务平台和数字化乡村治理平台，落地5个集成创新示范区，推广N个特色应用
山东省荣成市	以"信用管理+暖心食堂+志愿服务"构建新型农村养老服务体系	多渠道争取运营资金。一是争取扶持资金，将食堂建设与开办农村幸福院结合；二是挖掘内部潜力，整合部门资源重点向经济薄弱村、老人就餐的食堂倾斜；三是发动社会捐款，并接受社会组织捐款捐物；以双倍信用积分激发志愿者热情，解决食堂服务问题
宁夏回族自治区彭阳县	"互联网+"保障饮水安全	借助互联网技术推进城乡供水一体化，对饮水工程实施信息化、智能化改造，让农民和城里人一样喝上"同源、同质、同网、同价"的自来水，提升了农民群众的获得感、幸福感
江西省新余市	打造党建引领下的乡村治理	坚持党建引领，推动资源力量向乡村倾斜和集聚，开展"党建+乡村资产资源清理规范""党建+商会""党建+颐养之家""党建+晓康驿站"等多项工作，推动乡村治理体系和治理能力现代化水平不断提升

智慧产业驱动，激发农村经济活力。智慧产业驱动型是指乡村通过将新一代信息技术与当地特色产业的深度融合，构建产业数字化产业体系，塑造当地特色品牌，推动农村产业高质量发展，给农业农村发展注入新动

能的发展模式。如：金华市浦江县围绕"浦江葡萄"这一主导产业，通过构建产业大数据平台，深挖葡萄产业价值，推动葡萄数字化转型；湖州市安吉县围绕白茶产业和当地旅游资源，借助信息化平台实现"白茶产业＋旅游业"融合发展。"构建智慧产业体系，实现产业数字化转型"是该类型数字乡村建设的核心，也是数字乡村持续发展的动力。

管理服务赋能，构建数字田园综合体。管理服务赋能型是指乡村借助互联网、大数据、人工智能等技术，深化乡村治理和服务体系，为农村居民提供绿色生态、服务便捷、资源均等的生产生活环境和服务资源，从而助力农村治理现代化、农业服务数字化的发展模式。嘉兴市平湖市的数字乡村建设在良好产业发展基础上，进一步深化相关治理体系。一方面，关注产业发展过程中的生态环境建设，通过数字化技术，着力构建绿色生产体系，开展绿色生产技术工程和生态系统监测工程；另一方面，基于"互联网＋"思维，推动相关农业服务，深化乡村治理水平。湖州市德清县通过"数字乡村一张图"初步实现了乡村治理现代化、农村服务数字化；着力简化村民的办事流程，致力于推进乡村数字医疗和智慧养老项目，实时监测孤寡老人的健康状况，完善健康预警机制。

（二）各地数字乡村建设发展取得良好成效[①]

1. 乡村治理数字化持续创新

"互联网＋政务"加快向农村延伸，农业"放管服"电子审批初见成效，借助数字化平台理顺了三资管理的体制机制；"互联网＋基层党建"建设全面展开，以智慧党建引领强村善治；平安乡村数字化平台初步建成，基本建成涵盖中央、省、市、县、乡镇、村 6 级联网应用体系。智慧乡村

---

① 农业农村部新闻办公室：《中国数字乡村发展报告（2020 年）》，2020 年 11 月 28 日。

信息平台为乡村疫情防控提供支撑，创新互联网运用，努力克服疫情对脱贫攻坚的影响。

> ## 浙江省德清县："数字乡村一张图"遥感监测助力乡村智治
>
> **一、背景介绍**
>
> 德清县位于浙江省北部，东望上海、南接杭州，位于长三角腹地，具有良好的区位优势。近年来，德清县以土地制度改革为核心，承担了100多项省级以上改革试点，结出了"城乡一体化""农地入市""数字乡村一张图"等累累硕果。2018年首届联合国世界地理信息大会在德清县召开，推动无人机航拍、三维地图、遥感影像、高精度定位等地理信息技术在德清县域的广泛运用。
>
> **二、主要做法**
>
> 德清县人民政府基于"数字乡村一张图"，发挥遥感监测全面、准确、可追溯的技术优势，解决当前人居环境、"三改一拆"、农地保护、水域监测等方面发现难、监管难、处置难等实际问题。一是统一遥感监测数据，实现资源利用高效化。全县统一采集遥感监测数据，通过大数据分析、智能分析比对等，自动发现垃圾堆放、违章建筑、河流改道、粮食功能区变化等问题，将农业农村、民政、建设、水利等业务部门的遥感监测治理需求一次性采集，从整体智治的角度，节约资源成本、统筹乡村治理。二是依托地理信息技术，实现乡村治理可视化。在"数字乡村一张图"上叠加遥感监测地图、电子地图、国土空间规划、三维实景地图以及各部门应用等18个图层，建成数字化孪生乡村，使遥感监测的问题点位一目了然，方便村干部直观了解问题点位的位置和产生问题的原因，前后对比的遥感监测图像也为村干部工作提供参考。三是实施工单管理机制，解放基层干部的手脚。通过在公众平台上线"工单管理"模块，将遥感监测发现的问题自动下发至村干部手中，减少了"部门—镇（街道）—村干部"的烦琐通知步骤。村干部通过平台认领任务后进行现场确认和处置，最后将处理结果上传，经过镇（街道）的审核后完成处置流程。全流程线上可查，免去了村干部制作台账的麻烦，也减轻了镇（街道）和相关部门的督查考核工作量。

三、取得成效

通过遥感监测功能，解决当前基层治理中传统人力不足、事件覆盖不全、发现不够及时、流程不够规范等痛点难点。以"一张图"为底板，运用天空地一体化遥感监测体系和人工智能分析，统一遥感地图服务，实现人居环境、治水拆违、私建墓地、粮食功能区等9类基层治理问题点位的全面发现和自动归集，构建"天上看、网上查、地上管"的闭环监管链条。2021年已发现问题点位10万余个，发现时间缩减86%，处置率达95%。

云南省楚雄市：以国家数字乡村建设试点为契机 实现基层治理从治理到"智理"转变[①]

一、背景介绍

2020年10月，楚雄彝族自治州楚雄市正式被列为首批国家数字乡村试点县（市）。自试点以来，楚雄市紧紧围绕国家数字乡村试点工作目标，大力弘扬"跨越发展、争创一流；比学赶超、奋勇争先"精神和钉钉子精神，着力加强组织领导，压实工作责任，创新体制机制，强化政策支持，加强监督考核，强化跟踪问效，举全市之力推动全国数字乡村试点工作扎实深入开展，助推全市经济社会高质量跨越式发展。

二、主要做法及成效

（一）以数字化推动农业生产"智能转型"

大力推进农业产业数字化改造，加快推进数字赋能乡村振兴示范园、现代数字农业产业园和数字农业基地建设。全市现有国家级、省州级重点农业龙头企业58家，累计认证"三品一标"的企业9家、产品45个，46家农业企业纳入国家农产品质量安全追溯信息平台监管，8家企业获得省级绿色食品产业基地认定，培育打造电子商务品牌86个。

[①] 赵岗、顾兴凯：《云南楚雄市数字乡村建设助力乡村振兴》，云南网，2022年5月22日。

（二）以数字化推动乡村经营"链上增值"

发展壮大新型农业经营主体和服务主体，示范引领促进电子商务发展，实施"快递下乡"工程，推动农产品"出村进城上商场"。全市现有电子商务市场主体467户，2021年实现网络交易额29.45亿元，农产品网络销售额7261.5万元，带动农村劳动力就业近2000余人，带动农户增收2512.7万元。

（三）以数字化推动乡村治理"智慧创新"

依托"一部手机治理通"构建五级网络治理体系，提升基层治理体系和治理能力，上线22个主题、1400多个事项，全市共26.82万人安装"楚雄治理通"App，累计办件量167.71万件；建成"威楚智慧党建"平台，实施"互联网+平安乡村"建设，联网安装摄像头5.8万个，构建全面覆盖户、村、镇三级的联防视频监控体系。

（四）以数字化推动信息资源"共建共享"

加快推进全市新型基础设施建设和数字化升级改造，积极推动数据资源有效整合，出台数据信息平台资源整合共享开放政策制度，加快全市数据归集、数据共享、场景应用，联通28个应用系统数据建设数字乡村云平台统一管理应用，升级建设"威楚数智大脑"，实现全市城乡资源数据采集、汇总、存储、分析和可视化运用，形成线下指挥和线上调度的有机统一，为高质量发展提供精准数据支撑。

（五）以数字化推动民生服务"便捷高效"

通过"互联网+"筑牢民生保障网，实现政务服务"一网通办"。政务服务事项网上可办率达99%，超过70项可在乡镇即时办结；扎实推进区域医共体平台和乡村数字校园建设，建成旅游大数据平台。全市激活医保电子凭证28.51万人，实现552个定点医药机构医保电子凭证全覆盖；投资3100万元完成全市市乡村三级医疗点信息化建设，实现区域数据共享、远程会诊、影像集中诊断、双向转诊、远程培训；投资2084万元完成全市农村学校校园网络全覆盖，班级多媒体教学设备配置率达100%。

2. 乡村信息服务更加完善

基层信息服务体系进一步健全，信息进村入户工程取得显著成效，供销合作系统的惠农服务网点更加密集，普惠金融服务站点基本实现全覆盖；数字化对农业生产经营的支撑更加有力，全国农业科教云平台初现成效，农产品线上产销对接服务持续发力；乡村公共服务的数字化水平不断提升，民政服务信息系统建设全面推进，乡村网络文化管理与创作加速优化，乡村公共数字文化服务提档升级，农耕文化保护与传承活动风靡网络平台，金融支农信息服务取得阶段性成效，公共法律线上服务水平不断提高，传统村落保护实现全景网络漫游，乡村就业、社保、医保服务信息化水平大幅提升，乡村中小学教育信息化水平迈上新台阶；面向各类农业生产经营主体的信息化培训扎实开展，农村实用人才和大学生村官示范培训取得良好成效，职业教育专业教学资源库的应用更加广泛。

3. 智慧绿色乡村建设稳步推进

深入普及互联网等数字化技术在智慧绿色乡村建设中的重要作用，从生产、生活、生态多渠道发力，促进数字乡村绿色健康发展。积极推广农业绿色生产方式，农田生态数字化监测工作不断推进，农产品质量安全追溯平台全面推广应用，农业绿色生产示范区成效显著；倡导乡村绿色生活方式，农村人居环境基础设施建设持续推进，乡村水利数字化监管持续加强，农村环境网络监督不断拓展；提升乡村生态保护信息化水平，水土流失信息化动态监测手段不断升级，农村河湖信息化管理不断加强。

4. 农业农村科技创新迈上新台阶

以国家重点研发计划项目为依托，数字乡村基础前沿、重大共性关键技术研发和应用示范进一步加快。农业信息技术学科群建设持续推进，一批重点实验室和科学观测实验站布局落地。国家数字农业创新中心加快建设，农产品、网络安全、冷链物流等相关标准制定等工作有序推进，产学研用协同创新提速发展。

> **科学技术部重点研发计划项目**
>
> 一是"蓝色粮仓科技创新"重点专项。围绕水产生物种质创制、健康养殖、资源养护、友好捕捞、绿色加工等产业面临的重大科学问题和重大技术瓶颈，贯通基础研究、重大共性关键技术、典型应用示范科技创新全链条，进行一体化组织设计。
>
> 二是"绿色宜居村镇技术创新"重点专项。以农村人居环境整治为主线，以促进村镇生产、生活、生态融合为目标，重点攻克农村人居环境整治、土地智能调查等共性关键技术，聚焦华北、东北、东南、西北和西南等典型地区，重点围绕资源清洁利用、居住热环境提升、节能与新能源利用、非传统水源利用、民居性能提升、数字化信息服务等技术进行综合应用示范，解决节能保暖、产业减排、能源供给、饮水安全、居住品质等问题，为加快乡村振兴和美丽乡村建设提供科技支撑。

5. 数字乡村试点工作有序推进

2020年5月，中央网信办、农业农村部、国家发展改革委、工业和信息化部联合印发《关于印发〈2020年数字乡村发展工作要点〉的通知》，明确了2020年数字乡村发展工作目标，部署了8个方面22项工作任务。2020年7月，中央网信办、农业农村部、国家发展改革委、工业和信息化部、科学技术部、国家市场监管总局、国务院扶贫办印发《关于开展国家数字乡村试点工作的通知》，部署开展国家数字乡村试点工作；同年10月，该七部门联合印发《关于公布国家数字乡村试点地区名单的通知》，公布首批国家数字乡村试点地区名单，并对抓紧组织开展试点工作提出了具体要求。在地方推荐、专家评审及复核、社会公示基础上，确定117个县（市、区）为首批国家数字乡村试点地区，如表6-4所示，重点在开展数字乡村

表 6-4　国家数字乡村试点地区名单①

省份	县（市、区）	省份	县（市、区）
北京市	房山区、平谷区	湖南省	湘西自治州花垣县、邵阳市大祥区、永州市双牌县、湘潭市韶山市
天津市	西青区、津南区	广东省	韶关市南雄市、阳江市阳西县、茂名市高州市
河北省	廊坊市永清县、沧州市肃宁县、邢台市南和区、辛集市	广西壮族自治区	南宁市横县、桂林市恭城瑶族自治县、贺州市富川瑶族自治县、百色市平果市
山西省	临汾市隰县、临汾市洪洞县、大同市云州区、晋城市高平市	海南省	琼海市、澄迈县、昌江黎族自治县、三亚市海棠区
内蒙古自治区	呼和浩特市托克托县、鄂尔多斯市鄂托克前旗、兴安盟扎赉特旗	重庆市	垫江县、大足区、渝北区、荣昌区、巴南区
辽宁省	沈阳市辽中区、朝阳市凌源市、本溪市桓仁满族自治县、营口市老边区	四川省	内江市隆昌市、成都市大邑县、宜宾市兴文县、泸州市纳溪区
吉林省	四平市梨树县、吉林市龙潭区、延边州和龙市、辽源市东辽县	贵州省	贵阳市息烽县、毕节市黔西县、毕节市金沙县、遵义市余庆县
黑龙江省	佳木斯市桦南县、绥化市望奎县、齐齐哈尔市依安县、牡丹江市西安区	云南省	昆明市石林彝族自治县、楚雄彝族自治州楚雄市、红河哈尼族彝族自治州开远市
上海市	浦东新区、奉贤区	西藏自治区	林芝市米林县、拉萨市曲水县、山南市乃东区、日喀则市白朗县
江苏省	徐州市丰县、苏州市张家港市、南京市浦口区、连云港市东海县	陕西省	渭南市大荔县、杨凌示范区杨陵区、商洛市柞水县、汉中市佛坪县
浙江省	湖州市德清县、嘉兴市平湖市、宁波市慈溪市、杭州市临安区	甘肃省	酒泉市玉门市、张掖市高台县、兰州市皋兰县
安徽省	合肥市长丰县、宿州市砀山县、黄山市歙县、六安市金寨县	青海省	海南藏族自治州贵南县、海东市互助土族自治县、果洛藏族自治州玛多县、西宁市湟源县
福建省	宁德市寿宁县、南平市武夷山市、三明市大田县、龙岩市上杭县	宁夏回族自治区	吴忠市盐池县、石嘴山市平罗县、吴忠市利通区、银川市西夏区
江西省	赣州市安远县、南昌市进贤县、吉安市井冈山市、上饶市玉山县	新疆维吾尔自治区	巴音郭楞蒙古自治州库尔勒市、阿勒泰地区吉木乃县
山东省	淄博市高青县、泰安市肥城市、滨州市惠民县、烟台市海阳市	新疆生产建设兵团	第一师阿拉尔市十一团、第八师石河子市一五〇团、第十师北屯市一八八团、第三师图木舒克市四十一团
河南省	三门峡市灵宝市、鹤壁市淇滨区、南阳市西峡县、漯河市临颍县		
湖北省	宜昌市秭归县、武汉市江夏区、鄂州市华容区、襄阳市宜城市		

① 中央网信办：《国家数字乡村试点地区名单公布》，中国网信网，2020年10月23日。

整体规划设计、完善新一代信息基础设施、探索乡村数字经济新业态、探索乡村数字治理新模式、完善"三农"信息服务体系、完善设施资源整合共享机制、探索数字乡村可持续发展机制等 7 个方面先行先试，为全面推进数字乡村建设探索有益经验。

2022 年 4 月，中央网信办、农业农村部、国家发展改革委、工业和信息化部、国家乡村振兴局联合印发《2022 年数字乡村发展工作要点》，明确 2022 年数字乡村工作目标，并部署了 10 个方面 30 项重点任务。另外，中央网信办信息化发展局编发《数字乡村试点工作交流》，总结和提炼试点地区产生的可复制、可推广的做法和经验，发挥典型引路作用，带动面上工作。

6. 网络扶贫取得显著成效

贫困地区不通网的问题得到历史性解决，"互联网＋"新业态新模式不断增强贫困地区的"造血功能"，网络扶智持续激发贫困群众自我发展的内生动力，远程医疗有效缓解贫困人口看病难问题。互联网对消除贫困的基础性作用和可持续优势得到充分发挥，为贫困地区群众与全国人民一道迈进小康社会做出了重要贡献。

（三）信息化为农业农村现代化发展打下扎实基础[①]

1. 乡村信息基础设施建设不断完善

电信基础设施全面升级，人工智能、5G、大数据等新一代互联网技术创新应用，乡村广播电视网络基本实现全覆盖；乡村智慧物流设施更加完善，对农村地区电商服务支撑能力显著加强；乡村电网、水利、公路等基础设施数字化升级改造不断加快。

---

① 农业农村部新闻办公室：《中国数字乡村发展报告（2020 年）》，2020 年 11 月 28 日。

2. 农业农村大数据建设初见成效

数据资源采集体系逐步完善,数据资源体系建设稳步推进,数据资源共享、业务协同和数据开放水平进一步提高;数据资源应用范围广阔,形成了重点农产品单品种全产业链数据采集、分析、发布和服务为主线的全链条数据应用体系,大数据系统应用领域不断增加。

>> **重庆市荣昌区:打造国家级生猪大数据中心**

一、背景介绍

重庆市荣昌区拥有全国首个农牧特色国家高新区,是国家现代农业示范区、国家现代畜牧业示范区核心区。近年来,荣昌区着力构建以生猪大数据为关键要素的农牧数字经济,打造国家级重庆(荣昌)生猪大数据中心,充分调动生猪全产业链数据资源,引导调节生猪市场运行,维持生猪市场产供销平衡,助推生猪产业数字化发展。

二、主要做法

国家级重庆(荣昌)生猪大数据中心打造"荣易管""荣易养""荣易买""荣易卖"等创新平台,利用区块链技术实现猪肉产品全程溯源,确保生猪养殖、贩运、屠宰"一站式"实时监管,有效解决生猪交易链条过长、公平缺失、质量难溯、成本难降等一系列问题。一是助力精准监管。研发全国首个生猪数字监管平台"荣易管"。基于检疫出证业务流程和实名管理,关联免疫、检疫、贩运、屠宰、保险等环节动态数据,通过大数据分析,对各环节市场主体、监管主体行为进行痕迹化管理,提高市场调控和疫病防控能力。建设的重庆市生猪监管电子签章平台,统一对生猪防疫检疫等证明文件签署进行管控;开发生猪产品溯源系统"荣易买"平台,按先后顺序将养殖到销售每个环节信息存证在区块链上,实现人、物、信息相互印证,不可篡改,一猪一生一码,保障食品安全。二是提升生产水平。搭建智慧养殖管理系统"荣易养",通过示范场远程监控、精准饲喂、环境控制等设备,实时监控分析生猪活动行径和健康状态，提高养殖效率、减少死亡风险。推动生猪大数据应用、模型算法、资源管理、共享交换平台等系统建设，以全链条数据共享模式大幅降低散养户养殖信息流转成本，将需求更加直接地反馈到生产端，缓解产销对接信息不对称问题，引导散养户实现不同规模、模式的品牌化、差异化发展。三是优化产业调控。一体化打造国家级生猪大数据中心和国家级生猪交易市场平台"荣易卖"，围绕生猪活体、白条、肉制品交易三大核心业务，创新开展自营、撮合、联营等多种交易模式，实现生猪活体"线上交易+线下交收"。联合川渝农业农村部门编制川渝能繁母猪存栏指数，提供生猪价格"晴雨表"，用数据提高生猪产业宏观调控的科学性。

三、取得成效

截至 2021 年 7 月，国家级重庆（荣昌）生猪大数据中心已成功接入全国 200 个农贸市场、622 个种猪场和全国进出口贸易涉猪数据，构建起覆盖全国各区域、产业全链条的多维度数据采集体系；全面收录 15000 余户生猪养殖户、212 名动物防疫和检疫人员、210 个生猪贩运主体和 16 家屠宰企业信息，实现 2618.5 万头生猪全链条"一站式"实时监管；成功打造生猪全链条、全过程溯源的地方品牌；逐步形成生猪养殖的"荣昌示范"。

3. 农业生产数字化水平明显提高

信息化技术全面赋能农业细分行业，种植业信息化建设成效明显，数据开放共享服务更加完善；养殖场直连直报系统实现横向互联、省部互动，养殖技术线上指导服务广泛开展；渔业信息系统建设不断加快，产销对接平台逐渐普及；数字化育种平台成功应用，种业大数据管理基础不断夯实；农机装备数字化步伐不断加快，农机作业数字化服务深入推进；农垦基础数据资源建设不断加强，农业经营数字化转型积极推进。

天津市西青区：智慧农场探索数字乡村振兴路

一、背景介绍

天津市西青区位于天津市西南部，是国家级现代农业示范区和全国休闲农业与乡村旅游示范区。近年来，西青区以推进农业供给侧结构性改革为主线，大力发展智慧农业，涉及农业的产前、产中和产后，着力打造特色鲜明、优势突出的智慧农场系统，将其作为智慧农业的"大脑"，助推乡村振兴。

二、主要做法

西青区大力推进农业农村现代化建设，通过与国内顶尖龙头企业深度合作，实现各生产环节数据化、可视化，探索出了一条有产业、有颜值、有活力的特色数字乡村振兴之路。一是数字技术助力移栽准备。以自动取土车为设备载体，通过线下的地块信息绑定、取土车自动取土、土样二维码标记，检测中心的任务分配、土样检测，线上系统的结果反馈，形成了完备的数字化测土解决方案。在插秧过程中，无人插秧机搭载了自动驾驶系统，并接入了高精度的RTK（实时动态）定位基站，作业精度可达厘米级，可使插秧精度更高，插秧更平直，交接行更匀称。二是数字技术辅助作物生长。引进5G无人机巡田系统，在5G网络的覆盖下，只需在云平台上向无人机下发针对长势异常区域进行巡查的指令，即可较为直观地观察地块不同区域的长势情况；通过在水稻灌溉渠道上部署智能灌水排水阀门、水位传感器，同时结合远程监控系统，实现稻田水位监测、自动灌水自动排水等功能；利用水稻控氮技术动态监测及分析水稻冠层氮素含量，调节以地块为单位的水稻氮素含量均匀度，达到控氮、节肥、提质的目的；建立病虫害预测模型，结合气象、地理、作物、物候期、病虫害性质等数据对特定区域的特定作物进行动态病虫害预测，同时，结合安装在田间的虫情测报仪、孢子捕捉仪对田间虫害、病害进行在线监测。三是数字技术获取农业数据。利用高分辨率的卫星遥感数据，基于"光谱信息－植被指数－长势信息－估产模型－产量信息"的估产模式，建立水稻产量信息与遥感光谱信息的定量关系，对水稻进行时序性的动态估产，还可提供针对小麦、玉米、棉花等作物的产量预估服务，准确度超过85%。估产数据可为农业保险、农产品收储规划等提供依据。

三、取得成效

一是完善农业记录。农民可获取一整年完整的种植数据以及相关的环境数据,包括天气、遥感等数据。完整的种植数据将辅助农民在后续的种植过程中完善决策分析与种植方案。二是提高生产效率。智能灌溉系统可实现智能灌溉,根据水位的变化系统可自动根据水位值灌溉,农民也可以用手机或计算机远程操控灌溉。一个阀门可控制 10~15 亩,既可节省人工,提高灌溉效率,又可智能喷洒,实现精准灌溉;无人插秧机配备了测深施肥装置,插秧、施肥一次完成,使工作效率提升 50%。三是提升评估准确率。利用卫星和无人机遥感技术,进行产量评估,准确率可达到 90%。在形成的产量地图的基础上,综合分析农事记录、土壤测土数据、施肥数据,可对下一个种植季的种植方案进行优化,持续提升种植效益。

4. 乡村数字经济新业态蓬勃发展

农业农村部会同相关部门组织实施"互联网+"农产品出村进城工程,在 110 个县(市)开展试点,建立完善适应农产品网络销售的供应链体系、运营服务体系和支撑保障体系。电商进村综合示范项目取得显著进展,邮政在农特产品进城中的渠道作用不断增强;乡村旅游智慧化水平大幅提升,短视频平台大大提升了乡村旅游重点村的知名度,乡村旅游人才数字技术培训力度加大,形成了"数字文旅""智慧旅游"等新型服务模式;农村创新创业带头人队伍不断壮大,形成了一批具有较强影响力、一二三产业融合发展的返乡入乡创业产业园、示范区(县)。

》》陕西省柞水县:数字经济助推县域经济高质量发展

一、背景介绍

柞水县精心确定数字经济发展目标,成立柞水县数字经济发展工作推进专班，深入各企业、村（社区），就发展数字经济的基础进行调研，提出建设"智慧旅游示范区，绿色农业信息化和陕南传统工业信息化发展示范基地，中国木耳大数据中心、秦岭道地中药材产业和秦岭大健康信息化中心"的"一区、两基地、三中心"的目标任务及工作重点，支持数字经济发展重点领域、重大应用示范项目建设，为发展数字乡村奠定了良好基础。

二、主要做法

（一）强化数字支撑，推动木耳产业快速发展

柞水县充分借力科学技术部重点研发计划项目资金和阿里云公司技术支持，建成全国首家木耳大数据中心，通过物联网、大数据、人工智能等新兴技术深度应用，将柞水县木耳产前、产中和产后串起来，实现了木耳全产业链条的数字化、在线化、工具化和智能化。全县已有 52 个村发展木耳产业，栽培春季木耳 5500 万袋，建成木耳大棚 1500 个，带动 5933 户贫困户脱贫，参与贫困户户均年收入增加 2000 元以上。2020 年 4 月 20 日，习近平总书记到柞水县视察时点赞木耳"小木耳，大产业"，并称赞电商在农副产品的推销方面是非常重要的，是大有可为的。

（二）强化电商工程，提高电子商务发展水平

围绕"一主两优"产业发展规划，大力推广"公司＋合作组织＋农户"创业孵化模式，积极搭建"农民＋互联网＋快速物流"的电商平台。农民提供生鲜果蔬、粗粮等农特产品，孵化园以统一品牌、统一包装、统一价格、统一发货的形式在线上平台销售，推进农产品无公害、绿色、有机产品认证，加强农产品质量监测体系和溯源体系建设，力争让本地农民足不出户就可以把产品销售到全国各地。建立实训式电子商务人才培训机制，以农民工、大学生、种养殖大户、农村专业合作组织负责人等为重点培训对象，每年培训电商经营人才 300 名，电商直播、快手和抖音带货型实用人才 10 名以上；结合党员干部远程教育和大学生村官培养计划，探索以政府购买服务的方式，鼓励社会培训机构参与电商知识普及，力争 3 年内普及电商知识培训 2 万人次，大力评选"社群达人""网红主播""十佳电商带头人"，引导群众开办网店，逐步实现"全民触网"的目标。

（三）强化便民服务，加快智慧旅游平台建设

一是完善"便捷乐享"旅游服务网。加快构建"中心城区－旅游小镇－旅游景区（点）－服务驿站"旅游集散咨询服务体系。大力推进智慧旅游工程，充分利用互联网、大数据、云计算、人工智能等现代技术，开展"游前"的精准化营销与规划服务、提高"游中"的服务品质和"游后"的数据分析工作，助力产品与服务的提升。二是打造"快进""慢游"旅游交通网。科学布局路网结构，着力解决高速出入口拥堵问题，加快地方道路的维护与整修。大力实施3A级景区通景公路提升工程，提升3A级以下旅游景区和乡村旅游场所厕所建设数量与质量，加快"第三卫生间"建设步伐。积极推动景区周边干线公路及景区连接线建设，开通至重点旅游景区的旅游直通车，形成"快进""慢游"旅游交通网络。三是推进"智慧智能"旅游互联网。实施数字文化馆、数字博物馆、数字农家书屋等建设项目。完善提升图书馆、文化馆、博物馆等机构服务网站和微信平台资源建设，积极开展网上展览、讲座、演出、艺术鉴赏等活动。推动"互联网＋旅游"，涉游场所实现免费Wi-Fi、通信信号、视频监控全覆盖，主要旅游消费场所实现在线预订、网上支付，主要旅游景区实现智能导游、电子讲解、实时信息推送，建设咨询、导览、导游、导购、导航、分享评价等智能化旅游服务系统。

三、发展趋势

党的二十大报告提出"全面推进乡村振兴。全面建设社会主义现代化国家，最艰巨最繁重的任务仍然在农村。坚持农业农村优先发展，坚持城乡融合发展，畅通城乡要素流动"。随着数字乡村的建设，农业的集约化水平将大幅提高，手机成为"新农具"，直播成为"新农活"，数据成为"新农资"[①]。农业机械将实现自主作业，无人农场、猪场、鸡场、

---

① 张传发：《新农具、新农活、新农资，关键要培养新农民》，东方网，2020年9月27日。

渔场将成为现实，农业的劳动生产率、资源利用率、土地产出率将大幅提升，农民平均收入水平将可能达到或超过城市居民。农业将成为有前景的产业，农民将成为让人向往的体面职业，农村将成为能安居乐业的美丽家园。

（一）农村互联网普及率和网络质量将显著提高

1. 普惠共享、城乡一体的基础设施网络不断完善

以信息网络为基础，以技术创新为驱动，新型基础设施建设将为数字农村发展提供更加坚实的基础和条件。基础设施共建共享将进一步加强，最终打造成集约高效、绿色智能和安全适用的数字乡村基础设施。农村光纤宽带、移动互联网、数字电视网和下一代互联网发展持续加快，4G网络、5G网络覆盖水平将不断提升，5G、人工智能、物联网等新型基础设施建设和创新应用探索将持续加快，全域覆盖、普惠共享、城乡一体的基础设施网络将进一步优化，乡村互联网普及率将大幅提升。

2. 高速、泛在、安全的新一代信息基础设施加快形成

随着新一代信息技术的发展与创新应用，农村水利、公路、电力、冷链物流、农产品加工等基础设施的数字化、智能化转型将不断加快，我国将在乡村地区逐步构建起高速、泛在、安全的新一代信息基础设施，提供与城市地区无差别的网络质量和速率，城乡间的普及率差距显著缩小，全面支撑农村生产生活和生态保护的数字化转型。

（二）农业生产经营管理数字化转型步伐将明显加快

1. 智慧农业规模持续扩大、范围不断拓展

随着遥感监测、物联网、5G等技术的普及和应用，"天空地一体化"的立体化农业资源监测系统将构建完成，国家宏观监测、预警、服务和宏观决策能力将大幅提升。随着土地规模化的推进和农村劳动力转移以及物联网、5G、大数据、人工智能等新一代信息技术的成熟、完善，数字农田、数字果园、数字草场、数字温室、数字畜牧、数字水产系统的实用化程度将进一步加强，智慧农业范围会进一步扩大，智慧农田、智慧牧场、智慧渔场等将全面普及，农业发展质量和效益会显著提高。随着物联网、5G和区块链技术的日益成熟与完善，主要农产品全产业链的大数据系统将逐步建成，农产品生产、加工、流通、销售、消费等全环节、全过程、全要素、全领域的质量安全追溯系统将基本完成，农产品、农民的信息化信用体系将构建起来。数字化技术打通数据链、重构供应链、提升价值链，促进农村一二三产业融合发展，以数据驱动农业高质量发展，现代农业将跨越一个新的台阶。

2. 农业农村科技创新供给越加丰富

农业农村科技创新供给包括推动农业装备智能化和优化农业科技信息服务两项内容。随着新一代信息技术与农业装备制造业的深化融合，更多的农业智能装备被研制推广，工业互联网技术越来越多地应用到农机装备行业发展当中，农业装备智能化水平进一步提升，信息化、数字化与农业装备、农机作业服务和农机管理的融合应用不断拓展与深入。农业科技信息服务在数字技术的深化赋能之下不断优化，更多的新农民新技术创业创新中心落地建设，产学研用合作更加紧密，农业科技成果转化网络服务体系逐步健全，农业技术在线交易市场不断完善，农业科技信息服务平台持续优化，实现技术专家在线为农民解决农业生产难题。

3. 农村电商成为乡村数字经济发展新动能

"十三五"时期，中国农村电商迎来高速发展，已成为驱动乡村数字经济发展的重要动能。中国农村网络零售额由2015年的3530亿元，增长到2021年的2.05万亿元，总体规模扩大近5倍。电商服务网点在全国大量建立，覆盖率达 78.9%[①]，如图 6-1 所示。随着"互联网+农产品"出村进城的深入推进，将建立起更加完善的农产品网络销售供应链体系、运营服务体系和支撑保障体系，农产品产销衔接会更加顺畅，农村电商成为引领带动乡村数字经济加快发展的强劲新动能。

01 市场规模再创新高
2021年全国农村网络零售额为2.05万亿元，同比增长11.3%，占全国网络零售总额的15.7%

02 农产品加快出圈
2021年全国农产品网络零售额为4221亿元，同比增长2.8%，占农村网络零售额的20.6%

03 电商服务网点全面覆盖
截至2020年年底，全国建有电商服务站点的行政村共40.1万个，覆盖率达78.9%，共建站点54.7万个

04 农业电商平台兴起
拼多多农产品交易额连续五年保持三位数增长，年活跃商户数量达到860万，对接1600万农户

图 6-1　2021 年中国农村电商发展情况

（三）乡村数字化治理体系将日趋完善

1. 数字技术与基层党建持续深化融合

数字化党建既可实现会前、会中和会后的全过程管理，也可实现在线对党员干部和党组织工作的监督和管控，管理者可以对党员考勤进行监督，对下级党组织活动场所及基层党组织会议进行跟踪管理，将党员和党组织相关工作或活动信息以图表等形式进行数据展示，对党建工作相关信息进行数据整合、分析和展示。推动数字技术与基层党建的融合发展，有利于充分调动党员干部的积极性，进一步激发基层党建创新的活力。数字化技术的深度应用，将不断推动基层党员教育管理方式创新，增强基层党组织的凝聚力和战斗力，助力提升基层党组织的群众工作水平。

---

① 艾媒咨询：《2022 年中国乡村数字经济发展趋势：积极投身农村电商、智慧农业等领域的建设和运营》，新浪网，2022 年 4 月 28 日。

2. "互联网+政务"服务逐步向基层下沉

为贯彻落实国家"互联网+政务"服务的工作部署,实施《关于加强数字政府建设的指导意见》,深化"放管服"改革,不断优化营商环境,需要对上全面对接国家平台、横向强化协同联动、对下按照服务下沉的要求将改革向基层推进。"互联网+政务"不断向乡村延伸,将助力推动社会治理和服务重心向基层下移,实现县乡联动把更多公共资源下沉到乡镇和村,让基层群众切实享受到"互联网+政务"服务带来的便利。

3. "互联网+村务"管理加快创新融合发展

随着各级政府强化对"互联网+村务"创新融合发展的关注与支持,多地出台相关政策,坚持传统公开模式和现代方式相结合,以"互联网+村务"为载体,拓宽群众知情渠道,使村民与村务"面对面"、零距离。部分地区已建立的较为完善的"电子村务"平台,并注册开通的村务微信公众号,具有推送信息量更大、关注度更高、公开范围更广等优点,方便村民随时随地关注和监督村务。线上线下相结合的村民自治方式,将进一步保障村民的民主决策、民主监督权利。

4. 基层综合治理信息化水平不断提升

随着经济社会快速发展,基层综合治理中的新旧矛盾相互交织,复杂性和艰巨性更加凸显。要确保社会既充满活力又安定有序,必须不断提高基层治理水平。随着数字技术与基层治理的深化融合,基层数字治理应用场景将不断拓展和丰富,"互联网+网格治理"服务模式将逐步完善,基层治理精细化水平将进一步提高,覆盖城乡、均等普惠的在线公共法律服务体系将加快形成,乡村社会治安防控体系效能将得到有效提升。

5. 乡村智慧应急管理体系加快健全

当前我国乡村地区应对突发事件能力、水平和资源严重不足[①]，包括乡村自然灾害应急管理和乡村公共卫生安全防控等内容的乡村智慧应急管理，一直是应急体系的薄弱环节。而在应急管理体系和能力现代化建设过程中，乡村与城市一个都不能少，因此，运用数字化手段提升乡村应急管理能力势在必行。数字时代科学技术日新月异，现代应急管理体系已离不开数字技术。通过物联网、云计算、大数据、人工智能等新一代信息技术，对突发事件的事前预防、事发应对、事中处置和善后恢复进行管理和处置，有利于实现灾情有效预防、应急事件迅速解决、应急资源高效利用，有助于最大限度地保证乡村居民人身和财产安全。

（四）具备数字素养的新型农民将大量涌现

1. 具备数字化技能的乡村旅游人才持续增加

农业农村部开展"云教学""云课堂""云培训"等线上学习交流活动，组织在线学习乡村休闲旅游政策、规划、创意、管理等业务知识；文化和旅游部连续 8 年举办 38 期乡村旅游村干部和带头人培训班，整合中央部委和地方培训渠道，通过课堂教学、案例教学、现场调研等多种形式，指导学习先进典型地区的经验做法，开启思路，拓宽视野，着力培养一批能力强、善创新、会干事的乡村旅游带头人。各地持续创新乡村旅游人才培训形式，依托"乡村旅游大讲堂"等线上培训平台，开展多层次、多渠道的乡村旅游培训，加大对乡村旅游管理人员、服务人员的技能培训，致力于培养一支懂市场、懂旅游的新型职业农民队伍，尤其在培训中特别设置电子商务类课程，着力增强乡村旅游从业者电子商务技能。随着系列培

---

① 参见杨旗《王子华委员：用数字化手段提升乡村应急管理能力》，《北京日报》2022 年 3 月 4 日。

训活动的持续深入开展，乡村旅游人才队伍将不断壮大，数字化技能将大幅提升。

2. 农村创新创业带头人队伍不断壮大

随着农业农村部、国家发展改革委等 9 部委"农村创新创业带头人培育行动"的深入实施，返乡创业农民工将得到重点扶持，入乡创业人员将被有效鼓励，在乡创业能人将实现进一步发掘，农村创新创业人才队伍将逐步壮大，农村创新创业层次水平将持续提升。预计到 2025 年，将培育农村创新创业带头人 100 万人以上，基本实现农业重点县的行政村全覆盖。此外，举办年度全国农村创新创业大赛，开展"一带一""师带徒""一带多"等精准服务，以及组织开展全国农村创新创业优秀带头人典型案例推介活动等，将培训一批农村创新创业导师和领军人物，进一步加强全国农村创新创业导师库建设，遴选出更多优秀带头人典型案例，从而促进农村创新创业带头人队伍不断壮大。

3. 农村实用人才对乡村振兴的支撑作用显著提升

中组部、农业农村部大力开展农村实用人才带头人示范培训，探索形成了"村庄是教室、村官是教师、现场是教材"的特色培训模式。该示范培训培养和带动了一大批农业农村人才骨干力量，为各地培养了一大批留得住、用得上、干得好的农村实用人才带头人，为推动脱贫致富和实施乡村振兴战略提供了有力的人才支撑。各类农村实用人才的致富带动能力进一步增强，各地把农村实用人才作为引领群众创业致富的"领头雁"，充分发挥其在帮助群众增收致富、促进农村产业发展、推动农业科技创新等方面的示范带动作用，有效促进了农业增效和农民增收。随着网络扶志和扶智的持续开展，乡村群众生产经营技能持续提升，乡村振兴内生动力不断增强。此外，广大农民参与数字乡村建设的积极性不断增强，农村创业创新环境逐步优化,吸引各类人才返乡入乡创业创新,为数字乡村建设注入新活力。

4. 高素质农民队伍发展持续向好

农业农村部、财政部实施的"高素质农民培育计划",现已覆盖全国农业县(市、区)[①],重点面向种养大户、家庭农场主、农民合作社和农业社会化服务组织骨干以及返乡下乡创新创业者,以提高生产经营能力和专业技能为目标,开展农业全产业链培训,主要围绕产业发展需要,从电子商务、农民手机应用等通用知识、专业技能、经营管理水平等方面规范培训内容,通过线上线下融合培训,精准培育了一批基本掌握智慧农业技术的高素质农民。随着新型农业经营主体和服务主体能力提升、种养加能手技能培训、农村创新创业者培养、乡村治理及社会事业发展带头人培育四大重点行动的统筹推进,以及各地科技普及和实用技术培训的灵活开展,高素质农民规模将不断壮大。同时,各地依托农业和涉农职业院校,培养了一大批高素质技术技能人才,而农业农村部联合教育部持续推进的"百万高素质农民学历提升行动计划",则为农民群体提供良好的职业教育机会,可以预见,高素质农民队伍结构将不断优化,示范引领作用将持续增强。

---

① 张曦文:《我国高素质农民队伍发展持续向好》,《中国财经报》2022年5月26日。

第七章 数字生活

数字生活是依托互联网和数字技术，融合现实世界和数字世界，对现实生活实现模拟与超越，以更低的成本为人们生活提供所需物质资源和精神资源，从而为人们提供更为便利的一种生活方式。数字生活为人们工作、教育、医疗、社交等提供了便利，极大地丰富了居民的生活消费场景和服务，同时，对经济社会发展的推动作用不断增强，成为稳定经济发展的"压舱石"。

一、重要意义

（一）激发经济社会发展潜力

数字生活在改变人们生活方式的同时，催生出对相应产品和服务的大量需求，成为创新最活跃、增长最迅速、辐射最广泛的新兴消费领域之一。数字服务和产品快速创新迭代，软件应用和数字内容等的规模持续增长，随着数字中国建设持续深入推进，一个又一个新型消费热点不断形成。在国民经济各领域中的渗透和应用日益广泛，孕育形成了新的经济增长点。麦肯锡发布的报告[1]显示，新冠肺炎疫情严重影响了全球生产和消费模式，使超过60%的消费者改变了购物习惯，37%的消费者更倾向于网上购物。2021年我国信息消费[2]规模为6.8万亿元，同比增长15%，高出同期GDP增长率6.9个百分点，2012—2021年，信息消费年均增幅超过15%，增速为同期消费增速的1.6倍，信息消费成为经济发展的重要引擎。

---

[1] 参见 McKingsey & Company 2020 *Holiday Season*：*Navigating Shopper Behaviors in the Pandemic*，2020。

[2] 信息消费是消费的重要组成部分，指居民或政府为满足个人或公共需求而购买信息产品与信息服务的支出总和。其中，信息产品包括智能手机、可穿戴设备、数字家庭等各类联网产品；信息服务包括通信服务、互联网信息服务、软件应用服务等。

"十四五"规划和2035年远景目标纲要中将信息消费列为发展重点。2021年《政府工作报告》中也明确提出，运用好"互联网+"，推进线上线下更广更深融合，发展新业态新模式，为消费者提供更多便捷舒心的服务和产品。工业和信息化部近年来积极开展信息消费示范城市、新型信息消费示范项目遴选工作，目前已累计遴选出26个信息消费示范城市、421个新型信息消费示范项目。通过组织信息消费节、开展信息消费城市行、编制信息消费案例集等形式，在技术创新、产业带动、市场推广等方面取得显著成效。各省（区、市）也将扩大升级信息消费作为统筹疫情防控和经济高质量发展、推动改善民生的重要举措，探索形成了很多新思路、新做法，取得了良好成效。信息消费发展环境持续优化，创新之泉持续涌流，为"十四五"开局的高质量发展奠定了活力四射的基调。

（二）降低学习教育成本

人们通过接受教育、获取信息、积累知识不断认识世界和改造世界，学习和教育的途径往往影响着人们改造世界的效率。数字生活的出现丰富了教育资源，促进教育信息的分配和传播，以互联网为媒介缩短了教育资源的物理距离。一方面，视频教学、远程教育、直播授课等教育信息化工具的使用，改变了传统的学习方式，具有参与度更高、覆盖范围更广、学习内容更丰富、学习时间更自由等特点，极大地提升了人们学习的效率和频率。另一方面，数字生活的互动体验感强，在将传统教育书本中的知识复制到网络平台上之外，大量非标准化的教育资源在网络上大量传播，涉及范围从工作上的基础技能，到生活中的厨艺、种植、垂钓、手工等各个方面，大大拓展了教育的概念、内涵和方式，教育更加贴近生活和实际应用[①]。

[①] 参见中国信息通信研究院《中国信息消费发展态势报告（2022年）》，2022年3月。

(三) 创造更多的就业岗位

数字生活产生的新型消费需求持续释放，推动相关基础设施建设步伐加快，5G网络建设、数据中心、智能设备等产业链上下游及各行业应用投资步伐加快。随着数字技术与各行业的深度融合，网上购物、视频直播、移动支付、家政服务等新的生活方式不断普及，由此催生了网络主播、外卖送餐员、网约车等新的职业。近年来，在疫情常态化背景下，对线上的各类业务更是进行了大规模推广和宣传，这也增加了对相应领域人才的持续需求，不断涌现的数字生活新业态打破了传统的就业时间和空间界限，新的就业岗位和新兴职业不断涌现。2020年7月，人力资源和社会保障部、国家市场监管总局、国家统计局发布了区块链工程技术人员、互联网营销师、在线学习服务师等9个新职业，进一步满足新型消费对相关人才的需求。随着新型消费需求扩大，参与就业的人数快速增长，直播带货等网络营销行业的兴起，目前覆盖用户规模达到8亿人以上，互联网营销从业人员数量以每月8.8%的速度快速增长，大量中小微企业也因网络直播销售方式激发了活力。国家统计局数据显示，截至2021年年底，我国灵活就业人员已经达到2亿人左右，一些平台外卖骑手达到400多万人。在平台上主播及相关从业人员160多万人，比2020年增长近3倍。

(四) 拓展和维护个人关系网络

数字生活的出现改变了传统社交的方式，满足了个人在社交方面的需求，在维护个人原有关系网络的同时，不断拓展个人的社交圈。一方面，数字生活扩大了个人的社交圈。传统社交往往受到地域、职业、社会关系等因素的限制，人与人之间建立信任关系和社交渠道需要付出较高的资金成本和时间成本。数字生活的出现补齐了人们对线上社交的需求，与传统社交方式相比具有诸多优点。数字生活显著扩大了人们的"朋友圈"，还可以帮助不同背景的人开辟新的社交圈。传统生活方式中的社交往往受地域、血缘、职业等因素的束缚，数字技术、信息通信技术的出现可以使人们根据个人爱好、特定需求搭建关系网络，并且打破了原有的地域空间限制，根据兴趣爱好、价值观念、思维方式等与世界各地素未谋面的陌生人重新集聚起来。虽然网友关系建立在虚拟网络的基础上，但是与亲戚、朋友关系类似，网友也是构成个人社会资本的组成部分。数字生活有利于维护现有的社会资本与关系网。互联网正在增加人际关系和组织参与，当人们使用互联网与网友、朋友、亲戚和组织进行沟通与协调时，它是建立和维护社会资本的工具。另一方面，数字生活显著降低了社交成本，人际互动的方式也在发生潜移默化的改变。成本降低使人们的社交方式逐渐由线下转移到线上，社交方式的"中介化"正成为未来的发展趋势。"圈层化"是社交发展的另一个趋势，数字生活实现了个人对特定社交目标的精准定位，个人对社交时间、地点、人物有了更多的自主选择权[①]。志同道合的社交群体集聚，逐渐形成了社会层面的"圈层""社区""群"文化，"圈层"的出现能够帮助特定需求的个体找到归属，释放内在的社交意愿，例如，社交平台出现的众多"求职圈""就业圈""招聘圈"等。传统的社交网络往往基于地缘、血缘等，数字生活的出现大大拓展了传统社交的外延，个人可以根据特定的需求加入社交圈。例如，求职者可以选择与相同目的的人结为好友，进行交往，这种基于"职缘"的集聚便形成了"求职圈"。

（五）提升生活服务效率

数字生活场景不断创新，已覆盖人民群众的衣、食、住、行各个方面，大大提升了社会的居民生活服务效率。在互联网政务服务方面，我国"互

[①] 戚聿东、褚席：《数字生活的就业效应：内在机制与微观证据》，《财贸经济》2021年第4期。

联网+政务"体系建设持续完善,"掌上办""指尖办"成为政务服务标配,"一网通办""异地可办""跨省通办"渐成趋势,企业和群众获得感、满意度不断提升。全国31个省(区、市)及新疆生产建设兵团、46个国务院部门政务服务平台接入国家政务服务平台,以国家政务服务平台为总枢纽的全国一体化政务服务平台不断完善,正逐步发挥全国政务服务公共入口、公共通道作用,成为实现全国政务服务"一网通办"的重要支撑。在医疗、办公、教育等方面:互联网医疗已成为我国医疗服务体系的重要组成部分,已覆盖健康教育、疾病风险评估、在线疾病咨询、电子处方、远程会诊、远程治疗和康复等多种形式的健康医疗服务;远程办公在一定程度上帮助党政机关、企事业单位在疫情防控关键期正常运转;互联网教育持续发展,推动发达地区优质教育资源向中西部地区延伸普及,为边远地区师生共享资源、获取信息、辅助教学等带去便利。在衣、食、住、行等方面:数字消费已经覆盖至大多数城市和乡镇,网络购物平台充分实现了资源的高效配置,商品多样性需求得到满足,网络消费逐渐从单一线上转变为线上线下相融合;从外卖到堂食、从点餐到支付,数字化已经渗透到人们饮食消费的每一个环节,不断影响着人们的饮食消费习惯;旅游领域,包括产品及服务的搜索、查询、预定、支付、体验、评论等环节产生了大量线上和数字化触点,产业链上供给端企业通过数字化建设为消费者提供创新良好的服务体验;居住方面,智能家居的市场潜力正快速释放,传统的房地产领域通过运用虚拟现实(VR)、大数据等技术实现数字化平台化的运营管理,提升消费者的交易体验,开启智慧新居住的生态模式;交通出行领域,以共享、网联等为主的新方式为人们出行带来很大的方便,极大地提高了出行效率,已被人们广泛认可和使用,无人驾驶、车联网等技术将继续驱动出行领域的数字化变革。

（六）升级生活性消费需求

我国已经全面建成小康社会，正在向共同富裕目标稳步迈进，数字生活在释放消费活力、推动消费升级方面发挥着越来越重要的作用。一是居民精神消费需求不断提升，在物质消费得到基本满足的情况下，居民更加追求高层次的满足和追求享受型消费与发展型消费，居民对于生活质量的追求决定了文化、娱乐、旅游、休闲等服务性消费需求迅速增长。相关服务性消费需求的增长，也为相关服务行业发展提供了良好的契机，促进具有差异化、个性化的服务性消费供给。二是数字生活重构了消费场景，随着电子商务的持续发展，养老、教育、家政、餐饮、社区零售、家电维修等生活性服务业加速网络化，在线消费持续大幅度增长。数字生活同样催生出数字文化、智慧旅游等高层次消费，在短视频、直播、游戏、云旅游等创新产品和服务中，传统的消费者转变为整个过程中的生产者、创意者和传播者，为满足各类主体多样化的消费需求提供了可能。数字技术与生活消费的有机结合，拓宽了消费渠道，重构了消费场景。三是互联网加快了产品服务创新迭代速率，随着人们的生活和行为方式越来越多地迁移到互联网上，在传统消费场景下给用户带来的痛点和不良体验，都会实时且公开地展现在消费者与商家面前，假如商家不能快速地解决相应问题，更新产品和服务，将会在市场竞争中被快速淘汰。以外卖为例，传统模式下用户可能有借助外卖吃到心仪菜品的想法，互联网时代出现的以美团、大众点评、饿了么为代表的O2O平台，能够通过平台的整合能力响应用户的需求，随着入驻商户的不断增加和评论信息的公开可见，用户关注的重点将由美味转变为美味、快速、健康、安全的更高要求。

二、发展现状

(一) 各国加快布局数字战略

数字技术发展在全球范围内受到广泛重视。美国出台了《关键和新兴技术国家战略》(2020年10月)以及更为具体的技术战略,如《维持美国在人工智能领域的领导地位》(2019年2月)总统令、《国家5G安全战略》(2020年3月)等。2020年2月欧盟发布《塑造欧洲的数字未来》《欧洲人工智能白皮书》《欧洲数据战略》,2021年3月发布《欧盟的绿色与数字化转型宣言》《2030数字指南针:数字十年的欧洲之路》。2020年7月日本发布新的《增长战略》,提出规范无现金支付环境、整顿数字市场、加速小型机器人的社会化应用、提升多元场景无人驾驶研发水平、创新数据产业。2020年6月韩国政府宣布,至2025年以数字化、绿色化和稳就业为方向投入约76万亿韩元,建设大数据平台、5G网络、人工智能等数字产业基础设施。2019年10月俄罗斯总统批准《2030年前俄罗斯国家人工智能发展战略》,以期促进俄罗斯人工智能技术快速发展,加强人工智能领域的科学研究,完善人工智能领域人才培养体系等。2019年1月印度出台《国家人工智能战略》,计划从健康、农业、教育、智慧城市、智慧交通等方面着手加快人工智能创新与应用。如表7-1所示。

表7-1 全球主要国家和地区数字战略相关文件一览

国家	发布时间	文件名称	主要内容
美国	2020年10月	《关键和新兴技术国家战略》	为加速美国技术创新,并加强技术成果保护,该战略提出两大主要支柱目标——加强国家安全创新基础、保持技术优势。前者包括培养高科技人才、利用私人资本、推动技术创新、领导制定全球技术标准、在政府预算中提高研发资金优先度、鼓励公私合作等13项具体措施;后者包括保护知识产权、在技术研发早期阶段进行安全设计、加强盟友间协作、对关键技术实施出口管制、确保供应链安全等9项具体措施。同时,列出20项"关键与新兴技术"清单,要求确保美国在尖端科技领域的领导地位及竞争优势

续　表

国家	发布时间	文件名称	主要内容
美国	2020年3月	《国家5G安全战略》	具体举措包括：促进美国5G的部署；评估风险并确定5G基础设施的核心安全原则；管理因使用5G基础设施给经济和国家安全带来的风险；促进负责任的全球5G基础设施开发和部署四个方面。美国政府将认定或制定供应链风险管理标准、指南和做法，以保护美国国家安全利益的方式部署5G以及下一代的信息通信技术与服务；通过诸如布拉格5G安全会议之类的框架参与国际5G安全原则的制定。该文件是按照特朗普新签署的《保障5G安全及其他法案》要求所采取的第一步行动
欧盟	2020年2月	《欧洲数据战略》	未来五年，欧盟委员会专注数字化战略，主要立足三个目标：一是积极发展以人为本的技术，二是发展公平且具有竞争力的数字经济，三是通过数字化塑造开放、民主和可持续的社会。欧盟提出，2025年，通过数据战略的实施，欧盟数字经济总量有望从2018年的30100亿欧元（占当年GDP的2.4%）增长到82900亿欧元（占当年GDP的5.8%）；数据专业人员将从2018年的570万人增长为1090万人；欧洲具备基础数据技能的人口占总人口百分比从2018年的57%增长到65%。网络方面，实现欧盟所有家庭网速至少提升至100M/s，并保证企业、学校、医院及其他公共机构的网速更快；欧盟居民网络基础知识普及率达到70%（目前为57%）；至少培养50万名信息技术领域专家；通过信息技术和数字化降低10%温室气体排放，并创建零排放的环保型数据中心及信息通信基础设施，大力扶持相关技术企业
俄罗斯	2019年10月	《2030年前俄罗斯国家人工智能发展战略》	明确提出未来10年俄罗斯人工智能发展目标，即发展拥有自主知识产权的核心技术，在经济、工业、国防等领域"释放智能化时代的技术潜能"。具体内容方面，俄罗斯将人工智能技术载体主要确定为"无人机、机器人、无人潜航器、虚拟现实、神经计算机等装备"，并将进行长期探索性研究。该战略还从国家层面确立一系列机制，消除跨部门、跨领域、跨专业可能引发的制度性"壁垒"。俄罗斯副总理牵头，负责国家级颠覆性人工智能项目的规划和调控；组建远景基金会、国家机器人技术发展中心等专职机构，前者类似于美国国防部高级研究计划局，后者则是具体人工智能技术的培育、试验基地；出台具体军地联合研究机制，国防部与联邦科学院及远景基金会建立常态化联合研究机制，如国防部设立"开放之窗"平台，鼓励地方高校、科研机构、研究团体甚至个人，向军工集团提交创新方案
印度	2019年1月	《国家人工智能战略》	第一，医疗方面，致力于增加医疗渠道的同时提高可负担的医疗质量。第二，农业方面，提高农民收入，增加农业生产率并且减少浪费。第三，教育领域，拓宽受教育途径，提高教育质量。第四，智慧城市与基础设施建设，为迅速增长的城市人口提高服务效率并提升连通性。第五，智能通信与交通，为信息通信创造更为智能与安全的模式，更好地处理交通问题

（二）数字技术加速向民生领域渗透

5G、人工智能、云计算、区块链等新一代信息技术加速普及，推动数字技术加快在居民日常生活中的渗透。5G 技术与视频的有机结合，让远程直播、智慧社区、智能安防等业务更快融入生活，带来全新的、更丰富的数字生活体验。人工智能技术推动以自动驾驶、车路协同为主要特点的新一代智能交通系统快速发展。2022 年 5 月，北京亦庄高级别自动驾驶示范区先后颁发了中国首批主驾无人的 RoboTaxi 上路牌照和北京市智能网联客运巴士测试牌照，深刻改变着人们出行方式。区块链技术日臻成熟，在教育、就业、养老、商品防伪、食品安全等领域的应用越来越广泛，为人民群众提供了更加智能便捷的公共服务。

> **京东智臻链防伪追溯服务平台**
>
> 供应链溯源是京东科技最早布局，也是当前最成熟的区块链应用场景之一。京东在供应链溯源上的布局应用主要基于京东零售和物流的资源禀赋：一方面，京东具有良好的供应链物流基础设施和服务能力，数字化程度高的供应链会使信息上链的边际成本较低；另一方面，京东的零售业务与供应链上下游的参与主体紧密连接，有利于区块链联盟链的搭建以及后续各参与节点的管理，这些造就了京东科技在"区块链+供应链溯源"领域的先天优势。
>
> 京东智臻链防伪追溯服务平台，通过物联网信息采集和区块链技术，针对每个商品，记录从原材料采购到售后的全生命周期闭环中每个环节的重要数据，结合大数据处理能力，与监管部门、第三方机构、品牌商等联合打造全链条闭环区块链追溯开放平台。
>
> 平台基于区块链技术，与联盟链成员共同维护安全透明的追溯信息，建立科技互信机制，保证数据的不可篡改性和隐私保护性，做到真正的防伪和全流程追溯。

> 京东智臻链防伪追溯服务平台已经全面涵盖了生鲜、农业、母婴、跨境商品、美妆、高端酒类、二手3C商品、医药、线下商超等10余个领域，用技术为消费者提供品质保障。
>
> 总体来看，京东区块链防伪追溯平台为企业提供了产品流通数据的全流程追溯能力，可以实现商品的防伪验证、品质溯源以及重大安全问题出现时的召回与责任界定。

（三）智能终端产品集成化发展

智能终端是智慧家居的核心部分，主要负责内部网络各种不同通信协议之间的转换和信息共享，以及同外部通信网络之间的数据交换功能，同时，还负责日常生活中智能设备的管理和控制。用计算机技术、微电子技术、通信技术，智能终端将所有功能集成起来，使智能建立在一个统一的平台之上。以前，高端智能中控主要应用在专业会议领域，伴随着技术的不断进步，产品种类的增加和生产成本的降低，现在，智能集中控制系统已经应用到智能家居领域，开始走进千家万户。中控技术应用在智能家居上主要向着更加方便、快捷、安全、智能化的方向发展。智能家居中控系统的具体控制功能和设备组成主要对包括环境照明系统、家庭影院影音系统，安防监控系统、公共广播/背景音乐系统、空调系统、电动窗帘等一系列家居控制系统。

（四）数字服务新业态新模式层出不穷

数字生活服务和产品不断创新迭代，新产品、新形式、新业态应运而生。在2022年北京冬奥会上，首次推出8K超高清视频、VR/AR沉浸式观赛等新技术，任意视角切换、自由缩放、随时暂停、定格旋转、慢动作环绕，通过5G智能手机，借助应用程序，即可实现任意视角的自由观赛，为观众带来了更好的视觉体验。以直播电商为代表的消费新业态蓬勃兴起，越来越多的中小商户将自建直播渠道作为重点，据统计，截至2021年年底，直播电商用户达到4.64亿，占网民整体规模的44.9%。新冠肺炎疫情影响了居民的旅行方式，在线智慧旅游逐渐成为新型旅游方式，2021年我国在线旅行用户规模达到3.97亿，占网民整体的38.5%[①]，一些在线旅游平台引入直播、盲盒等新模式加速拓展营销新渠道，各地旅游景点创新消费和体验模式，推出"云看展""云旅游""云赏花"等新型旅游场景。

>> **AR 技术在旅游领域的应用**

河南博物院成为全国首家推出 AR 弹幕服务的博物院，2022 年 2 月 23 日，河南博物院在支付宝上线全国首个 AR 弹幕服务，观众在观赏文物的同时，精彩评论可通过弹幕的方式发出来，与其他打卡者隔空交流。

走进该博物院，观众打开支付宝就能在首页找到河南博物院小程序的智能服务卡片，一键直达健康码、行程卡、文创商城等服务，点击"到馆必看"即可查看妇好鸮尊、莲鹤方壶、武则天金简等 10 款珍品介绍，点进"国宝 AR 发弹幕"则能直接用 AR 扫描对着线下文物打卡，并发送弹幕留下感想和评论。据悉，用户打卡完毕，还有机会获得河南博物院的文创优惠券等隐藏福利。

河南博物院 AR 弹幕是基于支付宝 AR 技术、LBS 定位技术的场馆寻宝创新体验，让观众从原先被动接受讲解，转变为主动分享。围绕文化 IP 数字化，河南博物院一直在进行创新尝试，包括此前在支付宝首页推出"一起考古吧"，发行"妇好鸮尊"文创数字藏品等，力图从线下到线上，用"科技+创意"的模式让传统文化及文物展现出别样韵味，以全新理念演绎文物活化与文化传承。

---

① 参见中国互联网络信息中心《中国互联网络发展状况统计报告》（第49次），2022年2月25日。

（五）数字化生活意识和习惯广泛形成

2020 年的新冠肺炎疫情给世界经济社会带来的重大冲击，也对人们数字化生活意识和习惯产生了深刻影响，信息技术的迅猛发展，更加速了这一进程。从用户规模上看，2021 年，我国各类个人互联网应用用户规模呈普遍增长态势：在线医疗、在线办公的用户规模增长最为明显，较 2020 年分别增长 8308 万、1.23 亿；网上外卖、网约车的用户规模分别较 2020 年增长 1.25 亿、8733 万；在线旅游、网络直播、网络音乐等应用的用户规模增长率也均在 10% 以上。[1] 从生活服务各行业看：餐饮业方面，疫情加快了餐饮业的数字化进程，一些餐饮企业尝试做半成品、成品、食材等零售，主动实施"互联网＋"经营模式，开通网上订餐、电话预约平台、开发线上线下融合互动，推出送货上门等服务，截至 2021 年 6 月，餐饮业数字化率约为 15.1%[2]；酒店业方面，酒店住宿企业积极创新，通过网上办理入住、刷脸开门、网上结算等发力线上服务，用科技手段降低企业人力成本、提升客人入住体验，截至 2021 年 6 月，中国酒店业数字化率达到 35.2%。从覆盖区域上看，数字乡村建设持续推进：截至 2021 年年底，我国农村网民规模 2.84 亿[3]，全国农村网络零售额 2.05 万亿元，同比增长 11.3%；全国农产品网络零售额 4221 亿元，同比增长 2.8%[4]；数字生活场景向乡村下沉，为农民用户带来数字化便利。

（六）个性服务需求持续增长

个性化仍然是 2022 年最重要的数字化发展趋势之一。美国著名网络咨

---

[1] 参见中国互联网络信息中心《中国互联网络发展状况统计报告》（第 49 次），2022 年 2 月 25 日。
[2] CCFA& 饿了么《2021 年生活服务业数字化发展报告》，2021。
[3] 参见中国互联网络信息中心《中国互联网络发展状况统计报告》（第 49 次），2022 年 2 月 25 日。
[4] 参见人民网研究院《中国移动互联网发展报告（2022）》，2022 年 6 月。

询公司内容营销研究所（Content Marketing Institute）在一份报告中指出，客户体验将成为数字化业务的新战场，现在的消费者面临极为丰富的选择，企业不能再仅依靠产品和服务，还必须考虑如何让客户的体验更佳。

个性化服务无疑是改善客户体验的主要手段。个性化服务的关键是让客户觉得服务平台是专门为其创建的，客户可以从中便利地获取最大限度满足自身需求的服务内容，如视频号或抖音上的推荐视频，以及亚马逊或淘宝上基于客户购物习惯的个性化页面。展望未来，各类数字服务将变得更加个性化，能够根据用户行为快速调整界面外观、服务内容和服务方式，而人工智能将在其中扮演着重要的角色。未来企业之间的竞争将逐步从以标准化为导向的成本竞争转向以个性化为导向的体验竞争。

同时，提供个性化服务需要大量收集和深度分析客户个人信息，从而明确用户特征并挖掘用户需求。其一，需要服务商具有大数据思维，利用数字技术将原有的服务界面"平台化"，尽可能地增加与客户的接触点，从而采集更加丰富、细致和实时的客户个人信息。并且，在个人信息保护法规日趋严格的背景下，各类数字服务提供商在采集个人信息时需要充分保障客户的知情权和同意权，因此要由客户主动提供其个人信息，并授权服务商使用。其二，服务商在使用客户个人信息的过程中，如何既呈现高度个性化的服务，又不让客户感觉个人隐私被侵犯，这将是服务商面临的新挑战。

三、发展趋势

（一）全球数字生活将飞速发展

2020年以来，全球范围内移动通信、互联网及各类数字化应用的社会普及率快速提升。根据联合国统计，2021年年初世界人口为78.75亿人，年均增长率约为1%。而手机用户数达到52.2亿，相当于世界总人口的约66.7%，相比2020年年初增长了1.8%（9300万）；全球46.6亿互联网用户，同比增加3.16亿（7.3%），全球互联网普及率为59.5%；全球有42亿社交媒体用户，这一数字在过去12个月内增长了4.9亿，同比增长13%以上，社交媒体用户人数相当于世界总人口的54%以上。

全球范围内手机、互联网和社交媒体的普及率均在50%以上。考虑到在世界上大多数国家，城市的数字化设施普及率都远高于农村，对比全球城市化率数据，可以推断在大多数国家的城市人口中，手机、互联网和社交媒体基本得到了普及。而从增长率来看，社交媒体用户增长速度快于互联网用户，互联网用户增长速度又快于手机用户，这显然可以归因于新冠肺炎疫情暴发之后，各国采取"封城"停工、限制社交等措施，在线生活和网上社交需求大增，促使网络和社交媒体用户快速增加。

（二）国内社会数字化进程将不断深化

国家层面。2022年4月20日，国务院办公厅印发《关于进一步释放消费潜力促进消费持续恢复的意见》，提出适应常态化疫情防控需要，促进新型消费，加快线上线下消费有机融合，扩大升级信息消费，培育壮大智慧产品和智慧零售、智慧旅游、智慧广电、智慧养老、智慧家政、数字文化、智能体育等消费新业态。加强商业、文化、旅游、体育、健康、交通等消费跨界融合，积极拓展沉浸式、体验式、互动式消费新场景。随着扩大升级消费等重磅利好政策逐步落地显效，新的消费红利将不断加快释放，引领消费结构持续升级，数字生活领域新产品、新服务、新业态将大量涌现，推动社会数字化进程进入深水区。

地方层面。江苏、广东、河南等地纷纷出台服务业数字化转型、促进信息消费等相关政策文件，如表7-2所示，推动培育新型消费，发展信息消费、数字消费、绿色消费，鼓励定制、体验、智能、时尚消费等新模式新业态的发展。发展智慧超市、智慧商店、智慧餐厅等，建设一批线上线下融合的信息消费体验中心，推进快递服务站、智能快件箱、无人售货机等智能终端设施建设和资源共享，引导零售企业智慧化转型。

表7-2　国内服务业数字化转型及信息消费相关政策

地区	发布时间	文件名称	主要内容
江苏省	2021年5月	《江苏省以新业态新模式引领新型消费加快发展实施意见》	意见结合江苏省发展实际，在政策取向、制度设计方面进行了探索和创新，鼓励新型消费企业全面融入国际市场；推进信息网络基础设施建设，补齐商贸流通基础设施短板，培育建设新型消费载体，支持南京、苏州、徐州、无锡建设国际消费中心城市；同时，加强新型消费法规制度建设，完善新型消费服务标准体系，加强反垄断和反不正当竞争执法，大力整治线上线下违法违规行为，持续优化营商环境和消费环境。该意见明确，到2023年，将建立健全江苏省新型消费供给体系。2025年，新型消费将成为江苏省高质量发展的重要引擎
广东省	2018年4月	《广东省扩大和升级信息消费实施方案（2018—2020年）》	促进互联网、大数据、人工智能等新一代信息技术在消费领域的融合应用，扩大网络化、智能化、个性化的多层次中高端信息消费，加快构建安全、便捷、丰富的信息消费体系，促进全省经济社会持续健康发展。该实施方案提出发展生活类信息消费、发展公共服务类信息消费、发展行业类信息消费、发展新型信息消费、培育分享式信息消费模式和优化新型信息消费环境等6项主要任务
河南省	2021年6月	《关于以新业态新模式引领新型消费加快发展的实施意见》	共提出培育壮大消费新业态新模式、推动线上线下消费融合双向提速、鼓励企业依托新型消费拓展国际市场、加强信息网络基础设施建设、完善商贸流通基础设施网络、大力推动智能化技术集成创新应用、安全有序推进数据商用、规划建设新型消费网络节点八大主要任务。2022年，支撑新型消费发展的流通网络服务设施覆盖面进一步扩大，新业态新模式发展环境更为优化，新型消费产品供给市场更加充分有序，扩大内需、吸纳就业能力进一步增强。2025年，培育形成以消费中心城市为引领、特色消费集聚区为支撑、商业网点布局便利化为基础的消费格局，培育形成一批新型消费示范城市和领先企业，实物商品网上零售额占社会消费品零售总额比重显著提高，"互联网+服务"等消费新业态新模式得到普及并趋于成熟

（三）数字鸿沟将持续缩小

自网络通达后，我国农村地区能够和城市一样，第一时间获取新信息、新技术，共享数字红利。电子商务和直播带货在农村蓬勃发展起来，拓宽了农产品销售渠道。借助远程医疗系统，基层医疗机构服务能力得到了有效提升。全国所有中小学校均已接通宽带，通过一根网线、一块屏幕，农村学生可以共享优质教育资源，偏远学校能够开齐各种课程。截至2021年6月，我国农村网民规模为2.97亿，农村地区互联网普及率为59.2%，较2020年12月提升3.3个百分点，城乡地区互联网普及率差异缩小4.8个百分点，城乡数字鸿沟明显缩小。随着国务院办公厅印发《关于切实解决老年人运用智能技术困难实施方案》的稳步推进以及工业和信息化部《互联网网站适老化通用设计规范》和《移动互联网应用（App）适老化通用设计规范》等措施的实施，我国围绕老年人获取信息的需求，加速推进智能终端及数字化服务适老化改造。

（四）生产生活方式将发生深刻变革

新冠肺炎疫情的暴发不仅严重威胁世界各国人民的健康和生命，也对人类社会的生产生活方式产生了持续的影响。一方面，推动人们生活方式发生变化，疫情防控导致居民生活充满着不便利性和不确定性，迫使民众和企业将生活需求加速向网络转移，在网络平台上接触更多的新产品和新服务，持续影响了其后续的消费模式。后疫情时代，经历过数字生活便利性的民众将持续对线上便利服务产生巨大需求[1]。另一方面，新冠肺炎疫情使灵活性高、成本低的线上远程办公成为众多党政机关、企事业单位的选择。2022年2月，在线旅游公司携程推出"3+2"混合办公制度，符合条

---

[1] 参见丁波涛主编《全球信息社会蓝皮书：全球信息社会发展报告（2021）——后疫情时代的社会数字化转型》，社会科学文献出版社，2021。

件的员工每周有 2 天可自行选择办公地点。未来，随着企业现代化管理水平提高、人口红利的减少和人们工作取向的变化，远程办公和集中办公混合的模式或将成为未来职场的主流。

（五）数字技术应用将加速拓展

近年来，人工智能、物联网、大数据等数字技术广泛应用于城市管理、智慧交通、金融服务等领域，对经济增长和居民生活产生了深远的影响，催生了众多新的技术应用场景。数字技术带来更高的生产率、更低的资源消耗、更强的法规遵从性、更深的社会洞察力，从而促进经济的可持续性增长，提升居民生活质量。未来几年，这种趋势将加速拓展，应用范围由少数行业向更多领域扩展，将覆盖人类社会的所有环节。应用模式由技术替代向技术融合扩展，数字技术将与传统设计、制造、管理等技术深度融合，推动数字技术发挥出最大效能。

以无人技术为核心的人工智能成为各国新一轮智慧社会建设的核心内容。首先，疫情带来的巨大冲击，导致社会隔离以及由此催生的无接触服务，为无人技术的发展提供了应用场景和市场需求。从全球范围来看，包括中国在内的世界各国都出现了无人技术热潮，医疗机器人、配送机器人、服务机器人、清洁机器人等在居民生活中的应用范围迅速扩大。其次，提高经济运行和社会运转效率的需求。无人技术不仅可以实现无接触式的生产与服务，也可以大大提升经济社会效率。在经济社会中，无人技术多是应用于存在高度危险的特殊行业和领域，如矿山、化工厂、核设施等，但其应用正逐步向常规行业和领域扩展，包括生产制造、商业服务、公共管理等，其通过精简人力投入、降低运营成本、缩短生产时间、减少操作失误，形成巨大的智能生产力。最后，应对人口老龄化的必然选择。全球几乎所有发达国家以及包括中国在内的部分发展中国家都面临着人口老龄化和劳动力人口不断减少的困境，通过"机器代人"实现无人工厂、无人驾驶、无人配送，成为各国应对人口老龄化危机的不二选择。以人口老龄化问题最为严重的日本为例，近两年来日本加大各类无人技术的推广力度：针对封闭性的专业场合，如建筑工地、河道巡查、机场、码头等，加快应用无人技术，实现无人施工、自动河道巡查、自动装卸；针对开放式的公共场合，对标数字技术强国的技术创新应用进展，加快无人技术的测试，主要集中在私车无人驾驶、卡车自动驾驶、社区物流无人配送等领域。

（六）个人信息保护将持续增强

新冠肺炎疫情暴发促使世界各国人民的生产生活加速转移到网上，造成个人数据以更大数量、更广范围和更高频度留存于网络，导致个人隐私泄露风险进一步增加。同时，新冠肺炎疫情期间大量黑客的攻击活动增加，2020年1—4月，针对银行的攻击增加了238%，针对云服务器的攻击增加了600%。

从全球来看，加强个人隐私信息保护是大势所趋。欧盟于2018年推出《通用数据保护条例》（GDPR），在此基础上，2020年12月公布了《数字服务法案》和《数字市场法案》，旨在规范欧盟数字市场秩序，保护数字服务用户权利，创造更加安全的数字空间；而在美国对科技公司实施控制政策的呼声越来越高。

在这种背景下，世界各数字技术企业以及掌握大量个人数据的企业和机构将更加重视隐私保护和数据安全问题。比如，Salesforce于2020年10月创设隐私中心，帮助保护客户数据及数据主体权益，并提供与隐私相关的分析工具；SkyPoint云于2020年9月推出了隐私中心产品，提供用于管理隐私策略、获得消费者授权以及管理数据主体请求的工具。

同时，在数据流动的新型数字环境中，传统上以封闭为导向、以系统为中心的静态数据安全技术已难以适应,由此催生了一批新型数据安全技术,包括区块链以及多方计算、联邦计算等隐私计算技术。隐私计算的本质是加密整个计算过程,而不仅仅是数据,从而能够在敏感信息周围创建额外的安全层。谷歌、微软、IBM、阿里巴巴和 VMware 等科技巨头正在利用保密计算技术来开发新的数据协议和网络应用。这些技术目前多处于试验应用阶段,但未来必将在各类数据场景中得到广泛的应用。

第八章
数字公民

习近平总书记强调："要提高全民全社会数字素养和技能，夯实我国数字经济发展社会基础。"人的本质作为一切社会关系的总和，其行为方式和思维方式取决于所处的社会关系，生产关系作为社会关系的核心，对其影响更具决定性意义。数字经济时代下，数字公民是公民在数字世界的映射，是公民责、权、利的数字化呈现。为顺应数字时代要求，提升全民数字素养与技能，培养数字公民是弥合数字鸿沟、持续增强人民群众获得感的关键举措，是实现数字创新创业繁荣活跃、促进共同富裕的重要支撑，是实现数字生活智慧共享、和睦共治的有力保障。

一、重要意义

（一）促进全民数字意识提升

1. 公民具备数字意识是做强做优做大数字经济的必备思维模式

数字经济作为一种新的经济形态，代表着新生产力的发展方向，正成为转型升级的驱动力，也是全球新一轮产业竞争的制高点。数据是数字经济时代的"石油"，数字化是大势所趋，对各行各业都产生了深远的影响。人工智能、区块链等新技术应用，正在对原有治理模式进行改革和重塑，也对公民的数字意识提出了新的更高要求，数字意识越强，越能尽快适应数字化发展需要，如果思维跟不上发展方式的变革，就会落伍于时代。公民是否具有良好的数字意识，能否从数据出发，掌握规律、分析形势、形成决策、解决问题，能否从数字角度看待城市发展、政务行为，感知社会变化，服务经济发展，决定着数字经济发展的速度和质量。培育具有数字意识、计算思维、终身学习能力和社会责任感的数字公民，才能筑牢做强数字经济的重要人才基础，并为促进全民共建共享数字化发展成果创造必要的前提条件。

2. 领导干部树立数字意识能更好引领经济社会发展

领导干部提升数字意识,能更好地发挥政府作用,是推动有效市场和有为政府更好结合的必然要求。数字经济发展对提升政府治理效能提出了更高的要求,领导干部是数字时代政府经济治理能力的"关键少数",领导干部增强数字化意识不是选做题,而是必答题。领导干部需要了解数字经济时代下的市场规律,准确把握新一代信息技术创新发展和应用的趋势、规律,激发各类市场主体活力,推动经济治理模式、产业经济发展路径不断优化创新。在数字经济时代,政府需要创新和完善宏观调控,加强宏观经济治理数据库等建设,提升大数据等现代技术手段辅助治理能力,推进统计现代化改革,推进监管能力现代化,实现线上线下一体化监管。领导干部树立"数据就是生产力"的理念,不断增强运用数据分析决策、管理服务的本领,具有高水平的数字素养,有利于提高政府治理效能,推动建设高标准的市场体系,促进技术和数据要素市场优化发展,有利于强化信用信息的归集、共享、公开和应用,建立健全高质量的社会信用体系,优化市场发展环境。

3. 各行业人员增强数字意识能更好适应享受数字环境

提高职业技能人员的数字意识。数字经济时代,竞争更为激烈,环境更具挑战性,数据在企业发展中的作用不断凸显,成为关键性的生产要素。数字化转型是传统行业适应新一轮技术革命和产业变革的"必修课",加快大数据、云计算、物联网应用,以新技术、新业态、新模式,推动传统产业优化升级,重塑核心竞争力,才能避免在数字化时代脱轨。制造强国、网络强国、数字中国加快建设,推动互联网、大数据、人工智能和实体经济深度融合,要求传统行业人员必须实现数字意识觉醒,抢抓新一轮工业革命机遇,适应加速布局的产业互联网和数字驱动的产业新生态,利用新技术和新应用等优势助推传统产业整合资源、降低成本、精减中间环节，实现转型升级。一是用好数字化工具，提升信息传输与处理能力，为大规模的数据利用奠定良好基础。二是运用数字化管理。企业应积极推动管理思维与管理模式的变化，将业务流程重塑、组织结构优化与商业模式变化有机结合。三是打造数字化产业链。我国传统产业以制造业为主，因而推进智能制造是企业层面加快数字化转型的主攻方向。四是平台赋能推动产业数字化转型。目前，我国工业互联网已经在航空、石化、钢铁、家电、服装、机械等多个行业得到了应用。这些平台有效整合了产品设计、生产制造、设备管理、运营服务等数据资源，开展面向不同场景的应用创新，不断拓展行业价值空间，平台赋能传统企业数字化转型的效果初步显现，传统行业数字化转型整体进度加快。五是坚持用户导向，由生产驱动转向以消费者为中心的价值创造。

培养学生的数字意识。一是培养责任意识，维护网络安全。国家大力强调网络安全，培养学生的数字公民素养有助于提高学生在网络中的责任和义务，强化发布、转载、使用和分享的信息所应承担的责任，不信谣、不传谣，有担当、有主见。使用数字工具进行交往时应该文明规范使用网络语言，积极传播正能量，并在数字化世界中注意保护个人信息及财务安全，避免网络欺凌和伤害；与他人交往时要注意沟通技巧，符合法律和道德规范。二是培养协作意识，数字化的生活环境和学习环境并不是一个人孤身作战，更强调人与人的沟通和协作。混合式学习常常以小组协作的形式完成学习任务，这就要求学生不仅在线下进行沟通交流，更能在线上进行学习分享和协作。三是培养批判思维，提升数字生存和数字学习能力。以数字公民的身份参与网络生活和网络学习，既需要建立个人的身份信息，也会在网上留下永久性的上网足迹。因此在看待问题或提出观点时就应该慎重考虑，全方位多角度地辨识信息的真伪，恰当合理地做出选择和评价。

培养偏远地区人民群众的数字意识。通过直播、电商平台能够帮助偏远地区的人民群众提升数字意识，合作发展数字农业、电商农业，解决产业不发达、道路远阻等问题，切实帮助欠发达地区人民提高"造血能力"，共享数字经济发展的实惠，并通过成功的经济实践和实惠进一步增强当地群众的数字意识，形成良性循环。

(二) 促进全民数字技能提升

1. 全面增强人民群众的数字生活技能

数字基础设施和服务、便捷的政务服务、社区的数字生活设施和服务等大量数字化服务使人民获得了高质量的数字生活水平，适应数字时代的发展趋势，着力提升人民群众的数字生活技能。一是能够培育智慧家庭生活新方式。完善智慧家庭综合标准化体系，提高智能家居系统平台、设备产品、应用的易用性、便捷性和兼容性，增强产品感知与互动能力，便捷用户管理和使用。积极引导企业开展智能家居产品体验、应用培训等活动，提高全民使用智能家居产品的能力。二是能够提高智慧社区建设应用水平。优化智慧社区建设规划布局，建立健全社区基础设施和综合服务设施智能化建设与改造群众意见征求机制，提升智能安防、智能停车等设施便捷易用性。运用数字技术完善社区服务需求收集、项目设计、资源链接、过程管理、绩效评价等机制，提高社区服务精准化、精细化水平。建立社区数字技能公益团队和兴趣小组，开展"数字技能进社区"等宣传推广活动。鼓励社区设立数字服务志愿者、引导员，引导社区居民用好数字产品和服务。三是能够丰富新型数字生活场景。推动5G、超高清视频、虚拟现实、人工智能等数字技术在生活中的普及应用，能够提高电子商务、移动支付、共享经济、智慧出行等新型数字生活服务体验；建设智慧商店、智慧商圈，能够提升居民数字资源、数字工具的使用意愿，营造出良好的数字生活氛围，让全民享受便捷的数字服务。

2. 显著提高从业人员的数字工作技能

通过实施数字技能提升行动，加强全民数字技能培训，使各类从业人员获得高效率的数字工作能力，为产业数字化奠定人才基础。一是能够提升农民的数字技能。构建现代农业科教信息服务体系，优化完善全国农业科教云平台，汇集整合新技术推广、电商销售、新媒体应用等优质培训资源，持续推进农民手机应用技能培训工作，提高农民对数字化"新农具"的使用能力。引导企业、公益组织等参与农民数字技能提升工作，推动数字服务和培训向农村地区延伸。二是能够提升新兴职业群体产业工人的数字技能。面向"互联网＋教育"、互联网医疗、电子商务、供应链管理服务、线上办公、"虚拟"产业园、"无人经济"等新业态新模式，通过制定数字领域新职业的职业标准，丰富职业培训课程，开展从业人员培训，壮大新兴职业群体人才队伍，提升新兴职业群体利用5G、人工智能、虚拟现实、大数据、区块链等数字技术开展创新创业的能力。

3. 稳步提升各类群体的特需数字技能

通过开展数字助老助残行动提升老年人和残疾人的数字技能。考虑到老年人和残疾人群体的特殊性，在数字设备、数字服务信息交流无障碍应用、建设中，在老年人和残疾人的出行、就医、就餐、购物等高频服务场景中保留人工服务渠道，防止出现强制性数字应用、诱导性线上付款等违规行为。依托老年大学、开放大学、养老服务机构、残疾人服务机构、社区教育机构等，丰富体验学习、尝试应用、经验交流、互助帮扶等老年人与残疾人数字技能培训形式和内容。推动形成社会各界积极帮助老年人和残疾人融入数字生活的良好氛围，构建全龄友好包容社会。

提升妇女数字素养教育与技能，引领妇女参与数字经济高质量发展。依托各类网络平台，面向妇女设计制作的数字素养公开课，能够增强妇女安全上网、科学用网、网上创业等的数字意识和能力。针对妇女开展直播带货、电商运营等培训，特别是引导西部地区、偏远山区妇女网上就业创业，能提升妇女在网络上参与经济生活的能力。

提升退役军人的数字素养与技能。建立退役军人数字信息档案。依托退役军人建档立卡工作，进一步丰富完善退役军人和其他优抚对象的综合信息数据库，系统分析研判广大退役军人和优抚对象的数字技能提升需求，形成电子档案。引导退役军人逐步提高数字技能。引导学校、社会机构等开发面向退役军人的线上线下学习资源，积极发展退役军人移动服务平台，推出电子优待证，为退役军人提供线上就业创业服务，帮助退役军人和其他优抚对象共享互联网发展成果。

（三）促进全民数字公德提升

1. 有效建立安全可信的公民身份认证体系

数据要素的衍生源于人的数字化过程，对于每个公民，无论是生成健康码衍生健康数据，还是线上支付衍生消费数据，抑或是发送信息衍生社交数据，都需要可信的身份认证作为必要条件。随着无线互联网、大数据、人工智能等技术的快速应用发展，身份认证的场景、频次、类型、复杂度等呈指数级增加，基于传统 PKI 架构的身份认证机制越来越难以适应网络身份认证，网络主体身份难以确认、网络资源非授权访问等问题日渐突出，极大地影响了网络经济与社会的健康发展，公民隐私、国家安全和社会稳定也面临挑战。培养数字公民，提升公民数字素养与技能，有助于实施网络可信身份战略，将可信数字身份关联于数据管理与数据控制，运用可信数字身份认证赋权数据采集、存储、应用、共享、删除、查询、修改、知情同意等操作，进而推进数据治理体系的完善。

2. 有效营造风清气正的网络运行空间

网民作为网络社会的细胞，是网络社会最基本的行为主体和组成单元。网络素养是互联网时代每一个网民的基本素养，是维护社会稳定和国家安全的必修课。网民参与网络建设、提高网络素养、捍卫网络安全，不仅仅是战略层面的国家大事，更是每一个网民义不容辞的责任。培养数字公民，提升公民数字素养与技能，应对网民加强正面宣传和正面引导，使公民提升网络安全意识，这对提高网民文明意识、网络安全意识和网民网络素养起着决定性作用。在正确引导、提高网民网络素养的基础上，积极开展传播社会主义核心价值观教育，有助于提高全社会的网络安全意识和水平，形成全社会共同参与促进网络安全的良好环境。同时，加强网络空间的持续治理，对网民的自我约束、自我管理、理性发言、文明上网予以规范，积极倡导健康向上的网络文化，净化网络生态，从而促使公民树立正确的网络安全观，不断提高网络素养，在网络空间行动中做中国好网民。

3. 有效助力全民参与的社会治理现代化建设

恩格斯指出："一切人，或至少是一个国家的一切公民，或一个社会的一切成员，都应当有平等的政治地位和社会地位。"在数字空间中，不同国家、不同地区的行为体共同拥有选择、参与和利用数字资源的权利和资格。提升全民数字素养与技能，能够促进公民数字参与提升城市治理、社区治理、乡村治理，实现全民共建共享数字化发展成果，继而推动社会高效能治理提升。一是能够促进数字化赋能城市治理。通过政府门户网站，为市民参与政策制定、产业发展、城市管理等提供建言献策渠道。通过创新"随手拍"等市民数字化参与城市治理的途径和方式，不断提升市民获得感。二是能够促进数字化赋能社区治理。通过数字化平台，丰富居民数字参与场景，以数字技术促进民意汇聚、民主协商，引导居民密切日常交往、参与公共事务、开展协商活动、组织邻里互助。加强社区工作者队伍建设，提升运用数字化方式开展社区治理的能力，探索网格化社区治理和服务新模式。三是能够促进数字化赋能乡村治理。通过开展"互联网＋乡村治理"，拓展村民参与村级公共事务和公益事业的渠道，提升网上村务监督水平。

二、发展现状

（一）国家战略统筹引领数字公民整体发展

1. 中央网络安全和信息化委员会部署实施全民数字素养与技能提升行动

数字素养与技能是数字公民学习、工作、生活应具备的数字获取、制作、使用、评价、交互、分享、创新、安全保障、伦理道德等一系列素质与能力的集合。为深入贯彻落实习近平总书记关于网络强国的重要思想，2021年10月，中央网络安全和信息化委员会印发《提升全民数字素养与技能行动纲要》（以下简称《行动纲要》），对提升全民数字素养与技能作出安排部署。《行动纲要》是国家在培养数字公民方面的重要战略举措，是建设网络强国、数字中国的一份基础性、战略性、先导性文件。

从《行动纲要》部署的主要任务可以看出，提升全民数字素养与技能主要涉及七大主要任务，即丰富优质数字资源供给、提升高品质数字生活水平、提升高效率数字工作能力、构建终身数字学习体系、激发数字创新活力、提高数字安全保护能力、强化数字社会法治道德规范。围绕主要任务和薄弱环节，《行动纲要》还设立了公民数字参与提升、数字社会无障碍和适老化改造提升、数字技能产教融合、领导干部和公务员数字素养提升、退役军人数字素养与技能提升、高端数字人才培育工程等六个重点工程。七大主要任务和六个重点工程全力聚焦拓展全民数字生活、数字学习、数字工作、数字创新四大场景，将有效提升全民的数字化适应力、胜任力、创造力。

随着《行动纲要》的制定出台，2022年3月，中央网信办、教育部、工业和信息化部、人力资源和社会保障部充分发挥部门联动效应，联合印发《2022年提升全民数字素养与技能工作要点》（以下简称《工作要点》），多措并举统筹引领各地各部门全民数字素养与技能提升各项工作。《工作要点》明确了提升全民数字素养与技能的工作目标：到2022年年底，提升全民数字素养与技能工作取得积极进展，系统推进工作格局基本建立。数字资源供给更加丰富，全民终身数字学习体系初步构建，劳动者数字工作能力加快提升，人民群众数字生活水平不断提高，数字创新活力竞相进发，数字安全防护屏障更加坚固，数字社会法治道德水平持续提高，全民数字素养与技能发展环境不断优化。同时，《工作要点》还新增了"基础教育精品课程"资源数量、电子商务培训、重点网站和移动应用程序适老化及无障碍改造数量等8项主要指标。

《工作要点》进一步细化了《行动纲要》的工作重点，围绕优化数字资源供给、打造高品质数字生活、提升劳动者数字工作能力、促进全民终身数字学习、提高数字创新创业创造能力、筑牢数字安全保护屏障、加强数字社会文明建设、加强组织领导和整体推进等8个方面部署了29项重点任务，并明确了到2022年年底的工作目标。

在全球经济数字化转型不断加速的背景下，中央网信委切实加强顶层设计，制定出台《行动纲要》，四部委联合印发《工作要点》，统筹协调和系统推进数字公民培养，为全国各地提升全民数字素养与技能提供了方向指引和行动依据。提升全民数字素养与技能各项工作的逐步开展，不仅有助于促进全民共建共享数字化发展成果，为建成网络强国、数字中国、智慧社会提供有力支撑，也有助于推动经济高质量发展、社会高效能治理、人民高品质生活、对外高水平开放。

2. 培育数字公民的网络数据安全环境逐渐有所保障

习近平总书记始终高度重视网络安全和信息化工作，"国家网络安全工作要坚持网络安全为人民、网络安全靠人民，保障个人信息安全，维护公民在网络空间的合法权益"。党的十八大以来，习近平总书记围绕筑牢网络安全防线发表了一系列重要论述，"人民"二字贯穿始终。近年来，我国在网络安全、数据安全方面的法律法规、行为规范逐步健全，为数字公民培育提供了良好环境，为筑牢数据安全防线、构建网络强国提供了根本遵循。

2021年9月，《中华人民共和国数据安全法》（以下简称《数据安全法》）正式实施，这是我国为保障数据安全颁布的首部专门性法律。作为我国数据安全领域的基础性法律，该法涵盖总则、数据安全与发展、数据安全制度、数据安全保护义务、政务数据安全与开放、法律责任等方面，旨在规范数据处理活动，保障数据安全，促进数据开发利用，保护个人、组织的合法权益，维护国家主权、安全和发展利益。《数据安全法》规定，处理数据的部门需要采取必要措施确保数据处于有效保护和合法利用的状态。例如，用户上网留下的行踪轨迹、搜索行为、账号密码等数据，属于个人的隐私数据，不能被随意使用。

2021年9月，中共中央办公厅、国务院办公厅印发《关于加强网络文明建设的意见》，旨在推动形成适应新时代网络文明建设要求的思想观念、文化风尚、道德追求、行为规范、法治环境、创建机制，实现网上网下文明建设有机融合、互相促进。

2021年11月,《中华人民共和国个人信息保护法》发布实施,旨在保护个人信息权益,规范个人信息处理活动,促进个人信息合理利用,标志着我国个人信息保护立法体系进入新的阶段。该法涵盖总则、个人信息处理规则、个人信息跨境提供的规则、个人在个人信息处理活动中的权利、个人信息处理者的义务、履行个人信息保护职责的部门、法律责任等方面,确立了对权利人个人信息"最小伤害""合理使用""合理目的"等原则。在数字社会中要求获取公民个人信息授权等场景下,明晰了侵犯个人信息权益等违法行为的界限。

此外,《互联网信息服务管理办法》《互联网用户公众账号信息服务管理规定》《网络产品安全漏洞管理规定》《关键信息基础设施安全保护条例》《网络数据安全管理条例(征求意见稿)》《国家安全战略(2021—2025年)》《网络安全审查办法》等一系列政策法规从方方面面规范了公民网络行为道德,保障了公民网络和数据安全,逐步建立完善了国家网络安全和数据安全法律规范体系。

(二)地方积极推动数字公民培养力度

1. 省级层面积极制定提升全民数字素养与技能行动政策文件

为深入贯彻落实习近平总书记关于网络强国的重要思想,根据中央网信委发布的《行动纲要》,山东省、江苏省等多个省政府结合实际情况,积极制定省级层面"提升全民数字素养与技能行动实施方案",并细化分解《工作要点》任务内容,结合各省特色及现有数字基础设施情况,确保《工作要点》可落地可实施。

例如,在提高公民数字生活水平方面,山东省提出深化助老助残数字应用,优化"爱山东"政务服务平台建设,为老年人群、特殊人群开创了大字版、语音版和"长辈模式""关怀模式"等服务应用。鼓励提供电子版大字账单、语音盲文账单等服务。推广山东省老年人电子优待证，优化健康码"为家人代办""代查"等功能，方便老年人等特殊群体出行。

在数字技能人才培育方面，江苏省出台《关于实施数字技能提升行动服务数字经济强省战略的指导意见》，部署了数字人才培养、培训、评价、选拔、激励、服务 6 方面主要任务。明确要培育 5 所数字技能教学资源开发应用突出的省级高水平技工院校，创建 10 个省级数字技能一体化教学名师工作室，每年至少开发 10 个数字技能类评价标准或题库，重点引导产业链链主企业设立数字技能首席技师，推进数字技能人才服务产业园试点建设等具体措施。此外，江苏省人社厅制定《全省人力资源社会保障系统服务数字经济发展若干措施》，重点围绕支持建设数字经济创新平台、加快培育数字经济创新人才、推动数字领域就业创业等方面，提出了 20 条具体举措，强化数字经济人才"引、育、留、用、转"全链条保障。

2. 数字化发展优势地区先行推动数字公民试点示范建设

依据《行动纲要》要求，按照统筹规划、整体设计、资源整合、有序推进的原则，组织开展全民数字素养与技能提升试点示范工作，支持有条件的地区先行推动数字公民试点示范建设，形成一批可复制、可推广的典型案例，带动全民数字素养与技能整体提升。

福建省福州市鼓楼区是全国首个探索数字公民落地应用的示范区。围绕习近平总书记考察时提出的"如何让群众生活和办事更方便一些？如何让群众表达诉求的渠道更畅通一些？如何让群众感觉更平安、更幸福一些？"，福州市鼓楼区在创新公共服务上不断探索，于 2017 年正式发布了《数字公民鼓楼试点实施内容、目标及计划》，同时首次系统性地阐述了数字公民的理论体系、产品原型和应用场景设计。鼓楼区明确了"还数于民"的基本理念，开启两大基础能力平台及七项基本应用建设，两大基础能力平台为数字身份公共服务平台与个人数据抓取能力平台，基本应用为政务便利应用、商务权证保管、健康全息数字人、综合信用服务、数据创建应用、参与社会治理应用以及个人数据云服务。试点启动后，数字公民身份公共服务平台率先开始建设与运营，首批向鼓楼区所有居民发放数字公民ID。数字身份公共服务平台依托公安部的实名实人认证技术，绑定个人在物理世界的身份信息和生物特征，生成CA证书存入用户手机，再由用户设置授权密码，建立起一套人证合一、证机合一、机人合一的完整身份认证体系。通过数字身份，公民不但拥有可靠的隐私保护，也为实现全流程线上办事提供了重要支撑。

数字公民试点建设以公民的幸福度为出发点和落脚点，用数字创新的力量为人民服务，积极探索促进服务型政府转型升级发展的改革举措，让百姓办事更便捷、社会治理更智慧。同时，建立安全可信的公民身份认证体系有效释放了公民个人数据价值，让数据安全、高效地流动起来，有利于形成一批可复制推广的经验做法和制度性成果，为全民迈入智能、便捷、快速、安全的数字社会创造更好条件。

3. 多地针对不同群体组织开展数字素养与技能提升宣传培训

为全面贯彻落实提升全民数字素养与技能行动有关部署要求，2022年7月23日，"2022年全民数字素养与技能提升月"在福州举行的第五届数字中国建设峰会开幕式上启动，各省市都开展了丰富多彩的活动，优化数字发展环境，营造全社会广泛关注并积极参与全民数字素养与技能提升行动的浓厚氛围，推动全民共建共享数字化发展成果。

河南省通过举办"数字教育大讲堂"进校园活动，增进师生对网络强国、数字中国战略的理解与认知，营造积极参与的浓厚氛围，全面提升师生数字化适应力、胜任力、创造力。北京市以"提升全民数字素养与

技能 共建共享数字化发展成果"为主题,通过开展提升全民数字素养与技能主题论坛、数字教育培训资源开放共享行动、数字技能进社区志愿活动、数字教育进校园、首都百万老年人数字素养提升行动、"数字助残 共享未来"、数字巾帼先锋培育助力活动、数字创新专题培训等8方面14项活动,定向覆盖各类人群200万人。

此外,各地还针对不同群体制定各类主题宣传培训活动,营造全社会共同参与的良好氛围。针对妇女,福建省妇联、省委网信办等联合主办数字经济与女性创业就业发展论坛,围绕"数字经济与女性创业就业"主题,倡议全省广大妇女主动拥抱数字时代、主动建功数字经济、主动提升数字素养。针对老年人,福建省福州市开展了"10点钟课堂"适老服务,围绕老年人在网络时代衣食住行、防范诈骗、看病就医等问题,以"学+养+娱"形式组织教学和实操演练,帮助老年人提升数字素养。针对学生,各地高校通过布置宣传网络安全知识、线上教学、主题班会等形式,普及网络安全知识和数字化编程,为学生成长为良好的数字公民奠定基础。

(三)信息化发展成效为培养数字公民奠定良好基础

1. 高速互联的网络环境方便公民随时随地获取数字资源

在数字社会中,信息资源以数字形式存储、传输和使用,不断拓展的网络覆盖范围、不断提升的网络传输质量推动数据资源跨地区、跨层级共享,这些为公民获取优质数字资源提供有力支撑。据第49次《中国互联网络发展状况统计报告》显示,截至2021年12月,我国网民总体规模持续增长,达10.32亿,互联网普及率达73.0%。我国网络基础设施全面建成,移动通信网络IPv6流量占比已达35.15%,累计建成并开通5G基站数达142.5万个。

此外,随着智能终端设备的普及应用,我国互联网应用用户规模也保持平稳增长,即时通信、网络视频、短视频用户使用率分别为97.6%、94.5%和90.5%,用户规模分别达10.07亿、9.75亿和9.34亿;此外,在线办公、在线医疗等应用保持较快增长,在线办公、在线医疗用户规模分别达4.69亿和2.98亿,同比分别增长35.7%和38.7%。移动App、公众号、自媒体等新模式也为公民获取数字资源提供了多样化的渠道。

2. 无所不包的互联网平台为公民提供便捷优质的数字生活服务

互联网平台的发展为公民提供便捷优质的数字生活服务。近年来,我国数字政府建设成效显著,一体化政务服务和监管效能大幅提升,"最多跑一次""一网通办""一网统管""一网协同""接诉即办"等创新实践不断涌现,数字营商环境持续优化,在线政务服务水平跃居全球领先行列。数字技术与各行业加速融合,使得电子商务蓬勃发展,移动支付广泛普及,在线学习、远程会议、网络购物、视频直播等生产生活新方式加速推广,互联网平台日益壮大。在新冠肺炎疫情防控中,互联网平台发挥了重要支撑作用,购物、外卖、出行、社交、搜索等领域互联网平台企业利用自身的供应链和物流调配、信息交流、数字技术应用等优势,在保障重点物资供应和民生需求、维护市场秩序、创新疫情防控方式、推进复工复产等方面发挥了重要作用,提升了此次疫情应对的应急管理和社会治理能力。

3. 数字化转型趋势为公民提升数字素养和技能提供新机遇

随着数字技术全面融入社会生产生活,以数字技术为标志、知识资源为依托的数字经济已成为重塑全球格局的核心动力,产业数字化和数字化转型已成为当今社会的主要特征,新技术、新业态催生出"增量市场",为公民提升数字素养和技能提供新机遇,公民为了有效参与数字社会的发展,必须具备数字素养和数字技能。一方面,随着传统行业的转型升级,对于数字化人才的需求更为迫切。据《经济参考报》数据:2021年4月至2022

年 3 月，金融、汽车机械制造、制药医疗等行业数字化人才招聘需求分别增长 44.04%、39.03%、32.96%。另一方面，数字经济领域已成为吸纳就业的重要渠道。随着新兴行业不断崛起以及新职业快速涌现，具有数字素养和技能的复合型人才更受欢迎。当前，数字技术驱动我国产业结构发生深刻变化，在数字社会新的发展格局下，就业结构的调整为公民带来巨大机会的同时，对劳动者的数字素养和技能都提出了更高要求。

三、发展趋势

（一）全民数字学习氛围将逐渐高涨

1. 数字学习资源供给将更加多元优质

随着千兆光网、5G 网络、IPv6 等新型基础设施的建设部署步伐逐步加大，网络覆盖范围不断拓展，网络质量不断提升，数字设施和智能产品服务能力不断提高，公民获取数字学习资源的渠道将逐步优化，针对特殊群体的数字学习资源渠道也将逐步完善。例如，面向老年群体，适老化智能终端供给将有所提升；面向残疾人，信息无障碍建设将加快推动，数字化助残服务将被打造推广；面向偏远地区，适用于少数民族语言的语音技术研发力度将进一步加大。科研院所、普通高校和职业院校、企业机构、团体组织、高端数字人才等将发挥自身优势，开发设立公民数字素养与技能培训网站、移动应用程序和公众账号等，为数字资源提供多样化获取渠道。同时，围绕数字生活、工作、学习、创新等需求，运用视频、动画、虚拟现实、直播等载体形式，数字素养与技能教育培训资源将更加丰富。各地区各行业也将向社会提供优质免费的数字教育资源和线上学习服务，大中小学校、专业培训机构、出版社等将积极开放教育培训资源，共享优质数字技能教学案例，数字技能教育资源将进一步得以均衡配置。

2. 全民终身数字学习体系将逐步构建

学校的数字教育水平将有所提升。数字素养培育相关教育内容纳入中小学教育教学活动，设立信息科技相关必修课程，打造优质精品教材，开展数字素养相关课外活动。加强普通高校和职业院校数字技术相关学科专业建设，推进数字技能基础课程和实习实训基地建设，完善数字创新人才培养机制，提升人才培养质量和水平，鼓励学生运用数字技术创新创业。实施战略型紧缺人才培养教学资源储备计划，加大相关领域数字教学资源储备。开展教师数字技术应用能力培训，提高教师运用数字技术改进教育教学的意识和能力，增强中小学、职业院校和普通高校专业教师的教学能力，持续壮大高水平数字技能师资力量。全面推进数字校园建设，建设一批智慧教室、智慧教学平台、虚拟实验室、虚拟教研室等，全面提升数字化水平，支撑引领教育信息化特色发展、高质量发展，引导科学合理使用数字产品，保护师生视力健康。完善数字技能职业教育培训体系。完善数字技能职业教育，加强职业院校数字技能类人才培养，动态更新职业教育专业目录，推进专业升级和数字化改造，优化完善课程设置，建设高水平数字技能职业教育教师队伍。制定完善数字技能职业教育国家标准，推行"学历证书＋职业技能等级证书"制度，打造一批高水平数字技能职业院校和专业。加大数字技能职业培训力度，研制培训方案和内容标准，规范数字技能职业培训，试点探索"互联网＋职业技能"培训模式，推动数字化培训模式发展。建设数字技能认证体系与终身教育服务平台。推进国家学分银行建设，发挥开放大学优势，推动制定面向全民、适应行业发展的数字技能框架和认证单元，搭建国家级数字技能终身教育服务平台，设计符合相关标准的课程体系和配套学习资源与服务，贯通培训、学习、体验、考核、学习成果认定、学分互换等环节，为全民终身数字学习体系的建设提供可信可靠的"补给站"和四通八达的"立交桥"。

3. 公民数字安全保护能力将更加强大

数据治理应以人为本，以个人身份信息为基础，建立数字信任，保护个人隐私，实践数据管控。一是提高全民网络安全防护能力。引导全民积极参与"国家网络安全宣传周""网络安全进社区"等活动，普及网络安全知识，提升网络安全防范意识。通过举办网络安全专题讲座和培训班、制作印发宣传册、线上视频宣讲等方式，增强全民对网络谣言、电信诈骗、信息窃取等不法行为的辨别能力和安全防护技能。二是强化个人信息和隐私保护。加大个人信息和隐私保护相关法律法规的普及宣传力度，提高全民个人信息和隐私保护意识。制定完善个人信息和隐私保护标准，健全个人信息和隐私保护监管机制，优化社会群众监督举报机制，压实行业组织、企业机构等保护个人信息安全主体责任，加大对侵犯个人信息和隐私等违法犯罪行为的打击力度。

（二）数字创新创业创造能力将竞相迸发

1. 企业创新活力将进一步被激发

打造企业数字化竞争力。发挥行业龙头企业在新一轮科技革命和产业变革中的引领和示范作用，培育造就一大批高水平、创新型、复合型的数字化人才队伍，积极开展数字创新大赛、成果推广、创先示范等活动，不断激发企业创新活力。加快完善面向中小企业员工的数字化服务体系，提升中小企业数字化发展意愿和能力。

2. 数据驱动的科研创新模式将进一步开拓

探索数据驱动科研新范式。适应国家创新驱动发展战略和大数据发展趋势，鼓励企业、高等学校、科研院所和科研工作者挖掘利用数据资源，探索数据密集型科研范式，支持国家科学数据中心建设，加快数据资源开放和利用,形成大数据驱动的科研创新模式,推动开放创新、协同创新。

3. 高水平的数字人才队伍将进一步扩大

高端数字人才在数字公民培育过程中发挥着推动引领作用,反之,全面推动数字素养与技能提升工作将使劳动者运用数字技术的能力有所提高,高水平的数字人才队伍也将进一步扩大。一是通过发展高水平信息科技专业资源,强化信息科技基础教育,鼓励学术领域、行业领域优秀数字人才开展专题讲座,支持基础创新、应用创新,培育扩大创新型数字人才队伍。二是通过推动人工智能、大数据、云计算、量子信息等数字科技与计算机、控制、数学、金融等学科交叉融合,培育壮大跨学科复合型数字人才队伍。三是通过依托专业技术人才知识更新工程,围绕智能制造、物联网、区块链、虚拟现实、集成电路、工业互联网等数字技术领域,组织开发国家职业标准和培训课程,开展规范化培训、社会化评价,培育扩大高水平数字技术工程师队伍。

(三) 数字社会法治道德规范将更加有力

1. 全民依法上网用网将得以规范

引导全民依法规范上网用网。坚持依法管网、依法办网、依法上网,加强网络空间生态治理,规范网络传播秩序。积极开展网络普法,增强网民法律意识和法治思维,加强网民自律,引导广大网民自觉抵制网络不良信息和不法行为。

2. 全民网络文明素养将得以提高

各级政府通过大力推动"网络安全宣传周""护苗行动""中国好网民"等系列活动,不断推动网络内容建设,加大弘扬正能量,建立完善网络文明规范,普及网络文明观念,发展积极健康的网络文化,使公民在数字生活中具备健康敏锐的媒介解读能力及判断能力,不断培养出高素质、高水平、敢担当、负责任的优秀数字公民。同时，进一步完善政府、学校、家庭、社会相结合的网络文明素养教育机制，不断提升青少年网络素养，引导其健康合理使用数字产品和服务，推动全社会形成文明办网、文明用网、文明上网、文明兴网的共识。

3. 全民数字道德伦理规范将得以强化

数字化以更高效率、更高质量的方式促进了人类文明的发展和进步，但随着数字化对人类生活空间的渗透，不可避免地在道德伦理层面带来诸多难题。为此，人类需要站在更高层次上制定新的伦理规约来回应和防范数字化所引发的显性或隐性伦理困境。① 提升全民数字素养与技能，培养数字公民，强化全民数字道德伦理规范，既有助于提升和塑造人类的道德伦理认知，也有助于全球数字伦理规则的不断完善。通过加强道德示范引领，深化网络诚信建设，各级政府、科研院所、行业组织、企业、线上社区等各方力量主动作为，督促数字技术和产品开发人员遵守职业道德和准则。加强人工智能技术治理，发展负责任的人工智能。提高全民数字获取、制作、使用、交互、分享、创新等过程中的道德伦理意识，引导全民遵守数字社会规则，形成良好行为规范。

---

① 参见罗理章《构建数字命运共同体的伦理蕴含》，人民论坛，2022年3月10日。

后 记

我国数字基础设施的跨越式发展、数字产业创新和产业数字化转型的提档加速、数字惠民水平的不断提升、数字城乡建设的纵深推进,显著推动了向数字社会的加速转型。从世界范围看,数字社会发展已经成为当代人类社会变迁发展的必然趋势和重要特征。

数字社会作为继农业社会、工业社会、信息社会过渡之后一种新的社会形态,学界和产业界对其未来发展的趋势存在不同的理解与表述。有的认为,数字社会是参与持续数字互动的人、组织和事物的集合,是企业、政府和人民之间所有数字互动的结果。也有的认为,数字社会是以新一代信息技术为基础的全新的经济社会发展形态,它将数字技术全面融入经济、政治、文化、社会、生态文明建设全过程,将带来新的生产要素、新的基础设施、新的发展理念、新的经济形态和新的治理格局,从而保障基本社会民生,优化社会运行模式和效率,提升人民福祉。不论从何种角度理解,我们都应该清楚认识到,数字社会的核心是人,一切数字化改革发展都应以人为本。人既是数字社会的建设者,也是数字社会建设的受益者。

"十四五"规划对加快数字社会建设作出部署安排,提出"加快数字社会建设步伐""适应数字技术全面融入社会交往和日常生活新趋势,促进公共服务和社会运行方式创新,构筑全民畅享的数字生活",描绘了未来我国数字社会建设的图景。

《走进数字社会》是"塑造数字中国"丛书之一。该丛书由全国人大常委会委员、社会建设委员会副主任委员、中国行政管理学会会长江小涓同志担任总主编,指导确定丛书编写定位、原则、体例。中央党校(国家行政学院)公共管理部主任、中国行政体制改革研究会常务副会长王满传同志担任丛书执行主编,多次召集编写人员研究丛书提纲和写作重点,在审阅书稿中花费了大量心血。国家行政学院出版社王莹主任对本书选题策划和框架构思提出了很多专业意见。边大成、杜娇、姚磊、李艺铭、陆峰、童红娟、赵艳轲、贾映辉、曹红丽、刘倩、王晓宁、裴京、肖莹、闫小恒、贺倩怡、郭江依、韦东鹏为本书的编写贡献了大量智慧和力量。本书得到了信息技术、社会科学、乡村治理、智慧城市、公共管理等不同领域专家学者的大力指导,多位来自实践第一线的从业者奉献了弥足珍贵的前沿探索,使我们对数字社会理论和实践有了更深认识,受益匪浅。在此,向所有对本书撰写给予帮助的人致以由衷的感谢!

张　立

2022 年 11 月于北京